2020—2021年中国工业和信息化发展系列蓝皮书

2020—2021年中国工业互联网产业发展蓝皮书

中国电子信息产业发展研究院 编 著

张小燕 主 编

袁晓庆 姚 磊 副主编

电子工业出版社
Publishing House of Electronics Industry
北京·BEIJING

内 容 简 介

本书系统、科学、全面地对工业互联网相关理论和应用进行论述。本书既有从理论视角对工业互联网的理解，也有从技术视角对工业互联网的解读，还包括从应用视角对工业互联网的认识，为我国相关政府部门、重点企业等工业互联网探索主体提供了丰富的理论指导和事实依据。

未经许可，不得以任何方式复制或抄袭本书之部分或全部内容。
版权所有，侵权必究。

图书在版编目（CIP）数据

2020—2021 年中国工业互联网产业发展蓝皮书 / 中国电子信息产业发展研究院编著；张小燕主编. —北京：电子工业出版社，2021.12
（2020—2021 年中国工业和信息化发展系列蓝皮书）
ISBN 978-7-121-23695-2

Ⅰ.①2… Ⅱ.①中… ②张… Ⅲ.①互联网络－应用－工业发展－研究报告－中国－2020-2021 Ⅳ.①F424-39

中国版本图书馆 CIP 数据核字（2021）第 236756 号

责任编辑：雷洪勤
印　　刷：中煤（北京）印务有限公司
装　　订：中煤（北京）印务有限公司
出版发行：电子工业出版社
　　　　　北京市海淀区万寿路 173 信箱　　邮编：100036
开　　本：720×1 000　1/16　印张：13.5　字数：302.4 千字　彩插：1
版　　次：2021 年 12 月第 1 版
印　　次：2021 年 12 月第 1 次印刷
定　　价：218.00 元

凡所购买电子工业出版社图书有缺损问题，请向购买书店调换。若书店售缺，请与本社发行部联系，联系及邮购电话：(010) 88254888，88258888。
质量投诉请发邮件至 zlts@phei.com.cn，盗版侵权举报请发邮件至 dbqq@phei.com.cn。
本书咨询联系方式：leihq@phei.com.cn。

前 言

　　全球新一轮科技革命和产业革命深入推进，数字经济蓬勃发展。数字经济与实体经济的深度融合，为实体经济高质量发展注入新动能。工业互联网作为工业经济全要素、全产业链、全价值链连接的载体和枢纽，正加速驱动制造业向数字化、网络化、智能化转型升级，成为推动数字经济与实体经济深度融合的重要基石和关键支撑。

　　我国高度重视工业互联网发展，持续优化产业政策体系，为提升我国工业互联网发展水平提供了坚实保障。党的十九届五中全会审议通过的《中共中央关于制定国民经济和社会发展第十四个五年规划和二〇三五年远景目标的建议》指出，要加快工业互联网建设，并对深化工业互联网创新发展提出了更高要求。

　　工业互联网平台是面向制造业数字化、网络化、智能化需求，构建基于巨量数据采集、汇聚、分析和服务体系，支撑制造资源泛在连接、弹性供给、高效配置的载体。在全球工业互联网加速发展的过程中，工业互联网平台成为全球主要国家、产业界和领先企业战略布局的关键方向，在构建工业互联网生态、推动制造业与互联网融合、助力实体经济转型升级中扮演了不可或缺的角色。因此，本书在内容中以工业互联网平台为主。

　　近年来，在各方共同努力下，我国工业互联网平台发展水平提升、成效凸显。一是工业互联网产业政策体系不断完善。目前，工业互联网政策体系已实现国家、集群、地方等不同层次主体的全覆盖，为工业互联网产业发展

提供了重要支持。二是工业互联网平台应用实践不断深化。垂直行业基于工业互联网平台的数字化转型步伐加快，面向特定场景的系统解决方案持续涌现。北京、广东、山东和长三角等区域发展高地显现并差异化发展，联动协同、产业集聚不断深入。数字化管理、智能化生产、网络化协同、个性化定制、服务化延伸等新模式以及零工经济、共享制造、现代供应链、工业电子商务、产业链金融等新业态蓬勃发展，融合创新步伐加快。三是工业互联网平台市场认可度不断提高，平台商业模式逐渐清晰，双跨平台成为资本关注重点，专业型平台投融资活动活跃。但同时，工业互联网平台在创新发展的过程中，也存在平台发展遭遇"卡脖子"、企业普遍不敢"吃螃蟹"、传统企业频被"挖墙脚"、亟须政府"一盘棋"引导等问题。因此，有必要梳理工业互联网平台发展现状，研判发展趋势，找准问题，对症下药。

《2020—2021年中国工业互联网产业发展蓝皮书》基于我们之前积累的研究成果，系统、科学、全面地对工业互联网融合应用和创新发展进行论述。本书围绕平台、"平台+行业"、"平台+模式"、设备上云等多个方面，梳理并列举了丰富、翔实的应用场景解决方案和典型案例实践，为我国相关政府部门、重点行业和企业推进制造业数字化转型和高质量发展提供了有效路径与经验。全书共分为三十一章：

第一章至第二章主要综合展示了全球工业互联网产业和中国工业互联网产业的发展状况。全球主要国家加强工业互联网战略布局，全球领军企业持续提升基于工业互联网平台的解决方案的先进性，工业互联网细分赛道初创企业茁壮成长。近年来，我国工业互联网产业政策体系不断优化，工业互联网平台应用实践不断深化，市场认可度不断提高，市场投融资活动活跃。

第三章至第七章主要介绍了我国几个具有代表性的工业互联网平台，包括平台企业基本情况、平台总体情况、典型行业解决方案等。基于工业互联网平台，这些企业形成了一批技术先进、成效显著、能复制推广的解决方案，为更多行业和企业应用工业互联网平台提供了具有借鉴意义的经验。

第八章至第十章主要介绍了我国几个重点行业工业互联网平台发展情况，展示了工业互联网平台在原材料行业、装备制造行业和消费品行业创新融合应用的典型场景。

第十一章至第二十章主要介绍了我国"工业互联网平台+模式"的发展情况，围绕数字化管理、智能化生产、网络化协同、个性化定制、服务化延伸、零工经济、共享制造、现代供应链、工业电子商务、产业链金融等应用模式，展示了工业互联网平台在典型场景的探索实践。

第二十一章至第三十章主要阐述了我国"工业互联网平台+工业设备上云"的概况。从痛点问题、典型应用场景和推广前景三个维度，介绍了炼铁高炉、工业锅炉、石油化工设备、柴油发动机、大中型电机、大型空压机、风电设备、光伏设备、工程机械和数控机床等十类重点工业设备上云的解决方案。

第三十一章对我国工业互联网平台发展趋势和面临的挑战进行了分析，并提出了具有针对性的发展建议。我国工业互联网平台发展成效显著，未来多层次平台体系将更加完善，平台与新技术融合应用的广度和深度将不断深化，"平台+行业"优质解决方案将快速涌现，面向"块状经济"发展的区域级工业互联网平台将带动集聚产业整体提升，工业互联网平台将成为加速补链、优链、强链的有效途径，跨地域、跨产业、多方协同的工业互联网平台发展格局加速形成。目前，我国工业互联网平台发展主要存在核心技术积累不足、解决方案有待成熟、人才供需结构失衡、生态体系尚不完善等问题。本书分别从完善顶层设计和标准体系建设、推动平台规模化推广和迭代创新、加快"平台+新技术"融合创新发展、打造平台公共服务体系和健全生态体系等方面提出具体可行的对策建议。

当前，我国工业互联网进入快速成长期，工业互联网创新发展战略深入实施，融合创新应用持续拓展，产业创新生态不断壮大。我们作为前线观察员，梳理研究工业互联网产业发展情况及问题并结集成册，希望能为实现制造业数字化转型提供路径参考，为深入推进制造强国和网络强国建设、加快推动经济社会高质量发展贡献力量！

目 录

综 合 篇

第一章　2020年全球工业互联网产业发展状况 …………………………… 002
　　第一节　全球主要国家加强工业互联网战略布局 ………………………… 002
　　第二节　全球领军企业持续提升解决方案先进性 ………………………… 007
　　第三节　工业互联网细分赛道初创企业茁壮成长 ………………………… 011

第二章　2020年中国工业互联网产业发展状况 …………………………… 013
　　第一节　中国工业互联网产业政策不断优化 ……………………………… 013
　　第二节　工业互联网平台应用实践不断深入 ……………………………… 018
　　第三节　工业互联网平台市场认可度不断提高 …………………………… 023

平 台 篇

第三章　海尔：COSMOPlat ………………………………………………… 028
　　第一节　企业基本情况 ……………………………………………………… 028
　　第二节　平台总体情况 ……………………………………………………… 029
　　第三节　典型行业解决方案 ………………………………………………… 031
　　第四节　下一步发展计划 …………………………………………………… 039

第四章　航天云网：INDICS ………………………………………………… 040
　　第一节　企业基本情况 ……………………………………………………… 040
　　第二节　平台总体情况 ……………………………………………………… 041
　　第三节　典型行业解决方案 ………………………………………………… 041

第四节　下一步发展计划···047

第五章　东方国信：Cloudiip··048
　　第一节　企业基本情况···048
　　第二节　平台总体情况···049
　　第三节　典型行业解决方案···052
　　第四节　下一步发展计划···057

第六章　徐工：汉云··059
　　第一节　企业基本情况···059
　　第二节　平台总体情况···060
　　第三节　典型行业解决方案···062
　　第四节　下一步发展计划···073

第七章　浪潮：云洲··074
　　第一节　企业基本情况···074
　　第二节　平台总体情况···075
　　第三节　典型行业解决方案···075
　　第四节　下一步发展计划···094

行　业　篇

第八章　原材料行业工业互联网平台发展情况·······························096
　　第一节　总体情况···096
　　第二节　"平台+钢铁行业"···096
　　第三节　"平台+石化行业"···099
　　第四节　"平台+煤炭行业"···101

第九章　装备制造行业工业互联网平台发展情况·······························104
　　第一节　总体情况···104
　　第二节　"平台+航空航天行业"···105
　　第三节　"平台+船舶行业"···107
　　第四节　"平台+轨道交通行业"···109
　　第五节　"平台+工程机械行业"···111
　　第六节　"平台+汽车行业"···113

第十章　消费品行业工业互联网平台发展情况·································117
　　第一节　总体情况···117

第二节 "平台+家电行业" ································· 118

第三节 "平台+电子信息行业" ··························· 120

模 式 篇

第十一章 工业互联网平台+数字化管理 ··············· 123
第一节 资产管理 ··· 123

第二节 运营管理 ··· 124

第三节 组织管理 ··· 124

第十二章 工业互联网平台+智能化生产 ··············· 126
第一节 智能设备 ··· 126

第二节 智能产线 ··· 127

第三节 智能服务 ··· 128

第十三章 工业互联网平台+网络化协同 ··············· 129
第一节 协同设计 ··· 129

第二节 协同制造 ··· 130

第三节 协同运维 ··· 130

第四节 供应链协同 ·· 131

第十四章 工业互联网平台+个性化定制 ··············· 132
第一节 少品种大批量定制 ·· 132

第二节 多品种小批量定制 ·· 133

第三节 "小作坊式"单件定制 ····································· 133

第十五章 工业互联网平台+服务化延伸 ··············· 135
第一节 产品效能提升服务 ·· 135

第二节 产业链条增值服务 ·· 136

第三节 综合解决方案服务 ·· 136

第十六章 工业互联网平台+零工经济 ·················· 138
第一节 面向第三方开发者的开源社区 ··························· 138

第二节 面向创客的制造业"双创"孵化平台 ·················· 139

第三节 面向中小企业的协同外包服务平台 ···················· 139

第十七章 工业互联网平台+共享制造 ·················· 140
第一节 制造能力共享 ··· 140

第二节 创新能力共享 ··· 141

第三节　服务能力共享……………………………………………………141

第十八章　工业互联网平台+现代供应链……………………………………142
第一节　供应链协同……………………………………………………142
第二节　柔性供应链……………………………………………………143
第三节　智慧物流………………………………………………………143

第十九章　工业互联网平台+工业电子商务…………………………………144
第一节　集采集销………………………………………………………144
第二节　垂直行业电商…………………………………………………145
第三节　工厂直销………………………………………………………145

第二十章　工业互联网平台+产业链金融……………………………………147
第一节　融资租赁………………………………………………………147
第二节　互联网信贷……………………………………………………148
第三节　精准投保………………………………………………………148

设备上云篇

第二十一章　炼铁高炉上云…………………………………………………151
第一节　痛点问题………………………………………………………151
第二节　典型应用场景…………………………………………………152
第三节　推广前景………………………………………………………155

第二十二章　工业锅炉上云…………………………………………………156
第一节　痛点问题………………………………………………………156
第二节　典型应用场景…………………………………………………157
第三节　推广前景………………………………………………………160

第二十三章　石油化工设备上云……………………………………………162
第一节　痛点问题………………………………………………………162
第二节　典型应用场景…………………………………………………163
第三节　推广前景………………………………………………………166

第二十四章　柴油发动机上云………………………………………………167
第一节　痛点问题………………………………………………………167
第二节　典型应用场景…………………………………………………168
第三节　推广前景………………………………………………………169

第二十五章　大中型电机上云 ····· 170
第一节　痛点问题 ····· 170
第二节　典型应用场景 ····· 171
第三节　推广前景 ····· 175

第二十六章　大型空压机上云 ····· 176
第一节　痛点问题 ····· 176
第二节　典型应用场景 ····· 177
第三节　推广前景 ····· 179

第二十七章　风电设备上云 ····· 180
第一节　痛点问题 ····· 180
第二节　典型应用场景 ····· 181
第三节　推广前景 ····· 182

第二十八章　光伏设备上云 ····· 183
第一节　痛点问题 ····· 183
第二节　典型应用场景 ····· 184
第三节　推广前景 ····· 185

第二十九章　工程机械上云 ····· 187
第一节　痛点问题 ····· 187
第二节　典型应用场景 ····· 188
第三节　推广前景 ····· 190

第三十章　数控机床上云 ····· 191
第一节　痛点问题 ····· 191
第二节　典型应用场景 ····· 192
第三节　推广前景 ····· 194

展 望 篇

第三十一章　我国工业互联网平台发展趋势 ····· 196
第一节　形势基本判断 ····· 196
第二节　面临的挑战 ····· 199
第三节　发展建议 ····· 200

综合篇

第一章

2020年全球工业互联网产业发展状况

工业互联网是新一代信息技术与制造业深度融合的产物,是不同国家提升核心竞争力的新机遇和重要选择。当前,全球工业互联网正处在产业格局未定的关键期和规模化扩张的窗口期。各国高度重视工业互联网的发展,立足传统制造业和信息技术融合发展,持续推进工业互联网创新发展。

第一节 全球主要国家加强工业互联网战略布局

当前,全球主要发达国家均把工业互联网作为抢占制造业竞争新高地的主要抓手,并推出了美国先进制造业、德国工业4.0、英国工业2050、日本互联工业等一系列战略举措,全国工业互联网产业发展进入竞争激化的新阶段。

一、美国:先进制造业

美国高度重视工业互联网的发展,力求基于强大的信息技术优势,将互联网、大数据、人工智能等新一代信息技术全面应用于工业领域,以工业互联网为重要手段,系统提升工业体系的运转效率,确保其在全球的领先地位。

2018年,美国发布《先进制造业美国领导力战略》报告,提出了通过在未来四年内实现三大战略目标确保美国在全工业领域先进制造业的领先地位。该战略围绕"技术、劳动力、供应链"三大核心要素,

提出了发展目标和实施路径，由美国国防部、能源部、商务部等多个部门负责具体执行，有利于为工业互联网的整体发展和先进制造业的顺利实施提供有效保障。总体来讲，美国先进制造业战略包括三大重点。

一是夯实新一代信息技术基础。该目标的实施主要涉及工业互联网相关的未来智能制造系统、先进材料和加工技术等，围绕智能与数字制造、先进工业机器人、人工智能基础设施、制造业的网络安全等方面进行投资部署，为工业互联网的发展和应用提供重要保障，从而促进制造业数字化转型。

二是培育先进制造业人才。为支撑工业互联网等先进制造业发展的复合型人才需要，加快更新和扩大教育途径，促进学徒制度和证书认证体系完善，提升熟练工人与岗位的精准快速匹配。通过优化教育模式，培养劳动者的代码开发、数据分析、软件使用等新型技术素养，建立具有全球竞争力的美国制造业人才梯队。

三是打造国内自主供应链。充分发挥中小制造商作用，提升工业互联网相关的供应链自主可靠性。特朗普执政时期，采用"Buy American and Hire American"的行政命令，规定所有联邦机构在美国加强执行"Buy American"的法律，为美国中小企业保障市场空间，进而提升国防、电子、钢铁等领域供应链可靠性。

二、德国：工业4.0

德国的传统制造业在全球处于领先地位，具有强大的发展基础，并提出基于信息物理系统（CPS），将新一代信息技术与传统产业结合起来，加快发展工业互联网，持续保持其制造业发展优势。在2011年的汉诺威博览会上，"工业4.0"的概念被第一次提出，两年后被德国联邦经济事务和能源部（BMWi）、德国联邦教育及研究部（BMBF）纳入德国《高科技战略2020》中，并制定出台了一系列相关措施，加快推动工业互联网发展。主要包括以下重点：

一是以数据闭环为核心。工业互联网通过CPS系统，将各类传感元件大量部署到工业设备实现信息的大量采集，同时将工控系统、模型算法等嵌入设备实现设备智能化，最终通过人工开发的软件系统、工业App等进行数据处理与指令发送，从而达到生产过程的智能化及方便人

工实时控制的目的。

二是以"供应商+市场"为目标。一方面，政府引导供应商将先进的技术、完善的解决方案与传统的生产技术相结合，提升工业互联网和先进制造业相关的供给服务，加速培育新兴业态。另一方面，推动市场的有效整合，实现产业资源的快速有效汇聚和供需精准匹配，不断提升产业国际竞争影响力。

三是以横向集成、纵向集成和端对端集成为重点。工业互联网将传感器、嵌入式系统、智能控制系统、通信设施、工业设备等全面连接形成基于数据自动流动的状态感知、实时分析、科学决策、精准执行的闭环赋能体系，涉及供应链、产品生命周期、财务等多个业务领域。

三、英国：英国工业 2050 战略

英国作为工业革命的起源地，当前制造业产值占比下滑严重，"产业空心化"问题突出，亟须通过深化新一代信息技术应用，加快工业互联网发展，改变制造业生产方式和商业模式，增强制造业发展动能。为抓住新一代信息技术发展趋势，大力发展工业互联网，英国政府在经过深入研究和广泛求证之后，出台了《英国工业 2050 战略》，力求加速英国制造业高质量发展，打造国际产业竞争新优势。

《英国工业 2050 战略》提出了英国制造业未来发展重点方向。一是个性化定制。工业互联网有利于企业准确把握客户需求，实现快速响应，提升用户满意度和企业竞争力。二是高技术研发。英国的主要出口对象是欧盟和美国，并且多为高科技、高价值产品。工业互联网有利于企业提升网络化协同研发能力，提升产品附加值。三是绿色生产。由于全球资源匮乏、气候变化、消费者消费理念变化等因素，亟须利用工业互联网在能源管控、低碳排放、工艺优化等方面的赋能作用，培育可持续发展的制造企业。

基于对制造业未来发展特征的分析，《英国工业 2050 战略》进一步指出，新一代信息技术、新材料等新科技将加速与生产制造各环节融合发展，有利于深刻变革产品的研发设计、生产制造、运维使用等环节，全面推动制造业数字化转型升级。

四、日本：互联工业

日本政府始终坚持问题导向、以人为本的原则，在系统梳理社会发展面临的老龄化、劳动力不足、资源环境制约等痛点问题的基础上，提出了"互联工业"战略，旨在通过发展工业互联网，打造一种高效的新兴产业社会。

2016年1月，日本政府发布的《第五期科学技术基本计划》提出"社会5.0"（Society 5.0），即超级智能社会（Super Smart Society）概念，将人类社会划分为狩猎社会、农业社会、工业社会、信息社会和智能社会等相继出现的五个阶段。2017年3月，在德国汉诺威召开的信息通信展览会（CeBIT）上，安倍首相明确提出"互联工业"的概念，发表了"互联工业：日本产业新未来的愿景"的演讲，其三个主要核心就是：人与设备和系统的相互交互的新型数字社会，通过合作与协调解决工业新挑战，积极推动培养适应数字技术的高级人才。2018年6月，日本经产省发布《日本制造业白皮书（2018）》，将互联工业作为制造业发展的战略方向。"互联工业"是"社会5.0"在工业领域的具体表现，面向各种产业，强调企业、人、数据、机械相互连接，创造新的附加值，提高生产力。

在日本经产省的支持下，日本价值链促进会（Industrial Value Chain Initiative，IVI）在2016年提出了新一代工业价值链参考架构 IVRA–Next。如图1-1所示，工业价值链参考架构是一个包括资产视图、活动视图、管理视图三个维度的立体架构。资产视图包括人员、供需、产品、设备四个层次；活动视图借鉴丰田精益管理的思想，包括计划、执行、检查、改进，形成 PDCA 循环；管理视图包括质量、成本、交付、环境，构成 QCDE 活动。

五、中国：工业互联网

党中央国务院高度重视工业互联网的建设与发展，多次强调要大力发展工业互联网，将工业互联网作为重要的新型基础设施，各级政府积极布局工业互联网建设，形成了央地联动的工作格局，为工业互联网创新发展打造了良好环境。

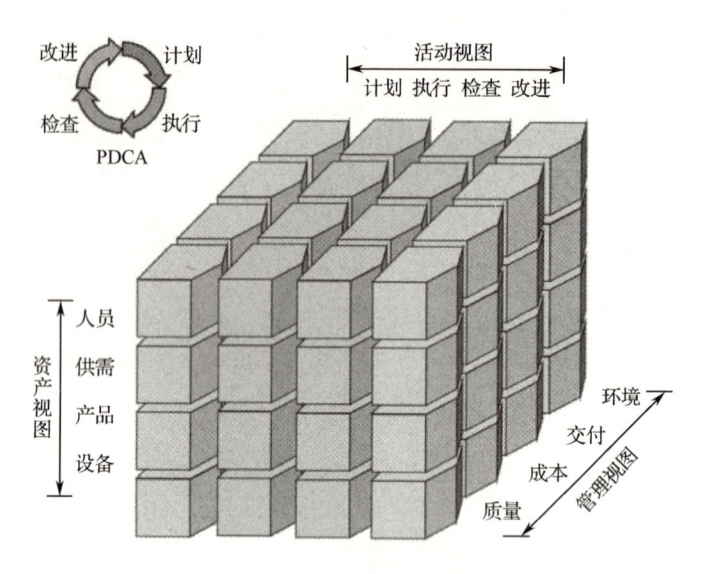

图 1-1　工业价值链参考架构

2017年11月，国务院印发《关于深化"互联网+先进制造业"发展工业互联网的指导意见》，提出要加快建设和发展工业互联网，推动互联网、大数据、人工智能和实体经济深度融合，并立足基本国情提出要分2025年、2035年和21世纪中叶"三步走"的目标。2020年12月22日，中华人民共和国工业和信息化部印发《工业互联网创新发展行动计划（2021—2023年）》，明确提出新时期业互联网创新发展目标，包括新型基础设施进一步完善、融合应用成效进一步彰显、技术创新能力进一步提升、产业发展生态进一步健全和安全保障能力进一步增强等。

在各级政府部门、研究院所、行业企业等主体的共同努力下，我国工业互联网平台发展已从概念普及走向实践深耕阶段，建设推广取得积极进展，正处在发展的关键期，取得了积极进展。截至2020年，全国已形成具有行业和区域影响力的特色平台超过100家，"综合型+特色型+专业型"工业互联网平台体系基本形成，连接工业设备数量达7000万台（套），平台功能体系日益完善，创新链、产业链、供需链、资金链、人才链加速联通。

第二节　全球领军企业持续提升解决方案先进性

西门子、GE、PTC、ABB、施耐德等领军企业纷纷把工业互联网平台作为提升服务能力、抢占市场先机的重要机遇，并结合自身发展特点，推出了基于工业互联网平台的数字化转型解决方案。

一、西门子：MindSphere 平台

西门子股份有限公司成立于 1847 年，是全球领先的技术企业，专注于电气化、自动化和数字化等领域。2016 年，西门子推出了 MindSphere 工业互联网平台，该平台采用基于云的开放物联网架构，将处于生产边缘端的设备数据传送到云端，并为企业提供工业数据分析、工业 App 开发等服务。

如图 1-2 所示，Mind Sphere 包括边缘连接层、开发运营层和应用服务层三个层级。

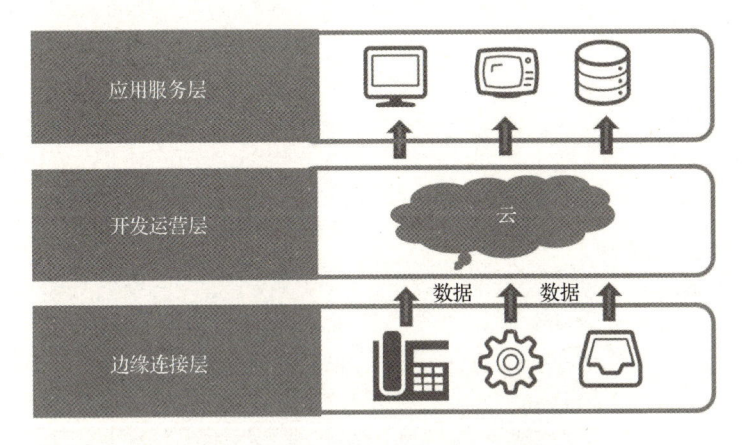

图 1-2　Mind Sphere 平台示意图

- 边缘连接层：通过 Mind Connect 将来自不同厂商的设备、工控系统、信息系统等的数据实时地传输到云平台，为后续应用服务提供支撑。
- 开发运营层：主要基于 SAPHANA Cloud Foundry 为用户提供大数据服务和工业 App 开发服务。用户基于云获取相关资源与服

务，包括工业知识、开发工具、开发环境等。
- 应用服务层：主要是为用户提供基于 Mind App 和行业解决方案的智能应用服务，主要包括设备预防性维护服务、工厂能耗分析服务、资源优化服务等。例如，Mind Apps Fleet Manager 可以通过数据帮助企业实现对资产的实时监控，主要功能包括查看、搜索、排序和过滤，而且用户可以自定义相关的资产管理规则。

二、GE：Predix 平台

通用电气公司（GE）创立于 1892 年，总部位于美国波士顿，面向全球 100 多个国家提供发动机、金融、医疗等多元服务。GE 在 2012 年率先提出工业互联网的概念，在 2013 年推出 Predix 工业互联网平台。

如图 1-3 所示，Predix 是一个包含机器设备和云系统的综合工业互联网平台，主要包括连接层、云服务层、应用层、赋能层等。其中：

- 连接层：支持不同工业标准协议（OPC-UA、DDS 和 MODBUS 等）连接多个边缘组件，主要负责收集数据并将数据传输到云端，从而用移动电话、有线或者卫星组成的虚拟网络实现机器与云端交流。
- 云服务层：为工业任务优化和海量工业数据处理提供动态调用、稳定可靠的云基础设施，有效降低企业开发应用成本。

赋能层	Predix解决方案	
应用层	微服务组件	开发环境
云服务层	Predix云服务	Predix IO
连接层	Predix Machine	Predix Connectify

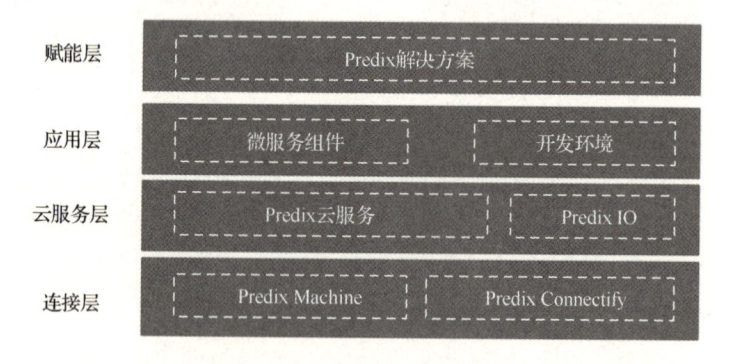

图 1-3　Predix 平台示意图

- 应用层：提供工业微服务和各种服务交互的框架，包括对内为

开发人员提供的开发环境，对外提供的微服务市场。
- 赋能层：形成数字化转型解决方案。

三、PTC：Thing Worx 平台

美国参数技术公司（PTC）1985年成立，总部位于美国马萨诸塞州。自成立以来，PTC 打造了产品生命周期管理（PLM）、计算机辅助设计（CAD）、应用程序生命周期管理（ALM）、供应链管理（SCM）和服务生命周期管理（SLM）等解决方案，完整覆盖了产品和服务的全生命周期。

2013年年底，PTC 收购了 Thing Worx 创业公司之后，加快向工业互联网平台方向发展布局。PTC 最初打造解决方案时，将工作分为数字和物理两个部分，其中数字部分为传统的 CAD/PLM，物理部分是以 Thing Worx 平台为主。近年来，PTC 也在不断加强与 Ansys、微软、罗克韦尔等专业技术领域头部企业的合作，不断完善现有解决方案，增强企业核心竞争力，高效赋能用户数字化转型升级。

如图 1-4 所示，Thing Worx 平台主要包括连接层、通信层、数据管理层和应用服务层四层架构。

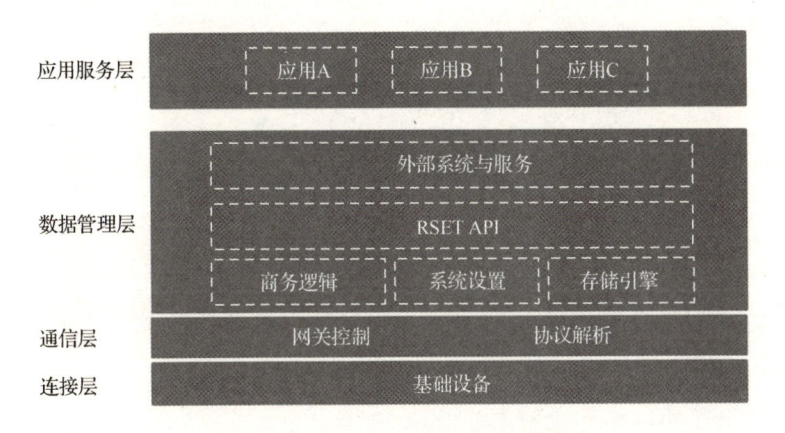

图 1-4　Thing Worx 平台示意图

- 连接通信层：通过跨网络连接传感器为设备提供可扩展、可嵌入的通信机制，为后续数据分析提供良好基础。

- 数据管理层：通过事件驱动执行引擎和 3D 存储强化企业的数据分析能力，基于精准数据辅助运营业务决策，挖掘潜在市场空间。平台可支持百万级别以上设备连接的扩展需求，提升数据采集、运输、存储、分析、协同和决策能力。
- 应用服务层：支持"拖拉拽"的方式开展平台建设，助力开发人员和用户快速创建应用程序并开展交互式搜索。

四、ABB：ABB Ability 平台

ABB 集团总部位于瑞士苏黎世，是全球电力和自动化技术领域的领导厂商，业务范围主要涵盖电力产品、电力系统、离散自动化与运动控制、低压产品、过程自动化等领域。ABB 集团在 2017 年发布了 ABB Ability 工业互联网平台，基于平台拓展了 ABB 的跨行业、一体化数字化服务能力，包括设备上云、边缘计算、云服务等。如图 1-5 所示，ABB Ability 平台主要由边缘层、服务层、赋能层构成。

赋能层	采矿	石化	电力	食品	海运
服务层	应用服务	应用服务		应用服务	
	Microsoft Azure 云基础架构				
边缘层	工业设备			工控系统	

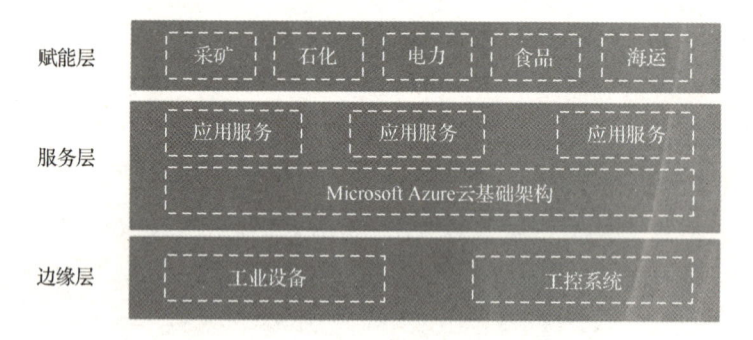

图 1-5 Thing Worx 平台示意图

- 边缘层：主要用于数据的采集，包括设备及生产控制系统（SCADA，DCS）的数据，通过 Ability Edge 内置的数据模型进行预处理，并传输至云端。
- 服务层：Ability Cloud 是基于 Microsoft Azure 云基础架构及其应用服务，通过对数据进行集成管理和大数据分析，形成智能化决策与服务应用。
- 赋能层：通过打造数字化转型解决方案，为石化、电力、食品、

海运等不同行业提升数字化、网络化、智能化水平提供支撑。

第三节　工业互联网细分赛道初创企业茁壮成长

除了行业龙头企业之外，Uptake、C3 IoT、Samsara 等一批新兴企业紧紧抓住产业数字化转型大趋势，寻求具有发展特色的细分赛道，取得显著成效。

一、Uptake：以设备预测性维护为切入点

2014 年 7 月，Uptake 在美国芝加哥成立。作为工业互联网平台创新企业，Uptake 深度应用人工智能、大数据等新一代信息技术，聚焦高价值设备，提供设备监管、运维、预测性维护等服务。自成立以来，Uptake 业务呈爆发式增长，先后为工程机械厂商卡特彼勒、风机运营商 Berkshire Hathaway Energy、火车头公司 Class1 等提供服务。

基于工业互联网平台，Uptake 可以结合自身积累模型与传感器数据，提供设备预测性维护、车队智能精准管理、能效优化辅助决策等系统解决方案，帮助客户加速质量变革、效率变革和动力变革。目前，Uptake 应用包括能源、制造、矿业等多类行业，覆盖了设备使用企业、经销商、主机厂等多个重要角色。

例如，Uptake 通过"数据采集+模型沉淀+迭代优化"的方式，基于平台为美国发电厂 AMEREN 提供设备管理等服务，每年节省成本约为 990 万美金。

二、C3IoT：以能源行业数字化改造为切入点

C3IoT 原名 C3Energy，是由 Tom Siebel 于 2009 年创立的。公司建设了自身平台并持续开展应用推广，主要帮助大型公用事业公司大规模部署智能电网设备和传感器。随着智能电网和电力行业应用的持续完善，C3IoT 将在能源产业的数字化转型解决方案能力复用在航空、国防、零售等 10 余个不同行业。

C3IoT 平台将应用逻辑与平台服务分离，具有完善的数据聚合和集

成共享功能，通过对设备采集的数据进行清洗、分析和传输，为用户创造价值，同时支持应用程序、接口和流程提供"拖拉拽"式开发环境，有利于培育形成可复制、可推广的数字化转型解决方案，为客户提供低成本转型服务。

C3IoT 致力于打造良好的生态系统优势。一方面，C3IoT 与技术服务商持续合作，为云环境等基础服务提供高质量保障；另一方面，C3IoT 与麦肯锡、凯捷和埃森哲等咨询公司展开深度合作，为用户优化业务流程提供专业的改进建议。经过不断发展，C3IoT 的市场布局日益广泛，仅以智能电表为例，C3IoT 占据全球 40%的市场份额，连接设备数总计超过 7000 万台。

三、Samsara：以车队智能监控为切入点

Samsara 成立于 2015 年，由 Sanjit Biswas 和 John Bicket 在旧金山创立。硬件组件包括基于云的机器视觉系统、工业控制器、网关、HMIs 和环境传感器等。值得注意的是，在新冠肺炎疫情期间企业虽然业务受到明显影响，但是 2020 年 5 月又获得了 4 亿美元的投资，显示出市场的高度认可。

Samsara 基于物联网平台，通过感知技术切入车队管理市场，利用智能传感器实时采集汽车运行数据，为物流运输企业提供行车记录、智能维护、车队管理等服务，以提高企业实体的运营效率。同时，通过推动相关知识沉淀和复用，Samsara 打造了一批以客户为导向的创新产品，并在各行业和细分市场得到快速应用。特别是工业级智能传感器，预计将部署到货物运管、机器设备、能源和可穿戴设备等不同领域。

基于平台，Samsara 开发了系列数字化转型工具，为制造企业收集产品数据、加快迭代升级、优化用户体验提供支撑。目前，Samsara 为全球 5000 多家客户提供用于连接运营的传感器数据服务，客户包括希腊酸奶公司 Chobani、美国日用消费品公司 Procter&Gamble、美国消防安防公司 Tyco 等。

第二章

2020年中国工业互联网产业发展状况

近年来，我国大力支持工业互联网发展，持续提升我国工业互联网发展水平，深入推进"互联网+"，促进我国工业转型升级。目前，国内工业互联网平台应用实践不断深化，市场认可度不断提高，已经初步形成实体经济与网络相互促进、同步提升的良好格局。

第一节 中国工业互联网产业政策不断优化

工业互联网产业发展是一项长期性、系统性工程，需要政策体系的持续优化和坚实保障。近年来，我国工业互联网产业政策体系不断完善，已实现国家、集群、地方等不同层次主体的全覆盖，为工业互联网产业发展提供了重要支持。

一、国家级政策环境持续向好

工业互联网政策体系持续完善，2020年是工业互联网创新发展三年行动的收官之年，如表1-1所示，近年来国家层面密集出台相关政策，大力支持工业互联网发展，促进我国工业转型升级。2020年3月，工业和信息化部（以下简称工信部）发布了《工业和信息化部办公厅关于推动工业互联网加快发展的通知》，提出加快工业互联网发展"二十条"，指明了加快新型基础设施建设，加快拓展融合创新应用，加快工业互联网试点示范推广普及，加快壮大创新发展动能，加快完善产业生态布局和加大政策支持力度等6个方面20项具体举措。2020年7月，工业和信息化部印发《工业互联网专项工作组 2020 年工作计划》，提出了提升基础设施能力、建设工业互联网平台、突破核心技术标准、推动政策落地等 10 大任务类别共 54 项具体举措。2020 年 10 月，工业和信息化部印发《"工业互联网+安全生产"行动计划（2021—2023 年）》，推动新一代信息技术在"工业互联网＋安全生产"领域的融合创新与推广应用，以实现发展规模、速度、质量、结构、效益、安全相统一。2020 年 12 月，工业和信息化部印发《工业互联网标识管理办法》，规范工业互联网标识服务、保护用户合法权益、保障解析系统安全可靠运行。2021 年 1 月，工业和信息化部印发《工业互联网创新发展行动计划（2021—2023 年）》，明确提出 2021—2023 年是我国工业互联网的快速成长期，工业和信息化部将深入实施工业互联网创新发展战略，推动工业化和信息化在更广范围、更深程度、更高水平上融合发展。部分国家级工业互联网政策一览表见表 2-1。

表 2-1 部分国家级工业互联网政策一览表（2020—2021）

时 间	政 策 名 称
2020 年 3 月	工业和信息化部印发《工业和信息化部办公厅关于推动工业互联网加快发展的通知》
2020 年 7 月	国家发展改革委等在内的 13 个部委共同印发《关于支持新业态新模式健康发展激活消费市场带动扩大就业的意见》
2020 年 7 月	工业和信息化部印发《工业互联网专项工作组 2020 年工作计划》
2020 年 9 月	国务院印发《关于以新业态新模式引领新型消费加快发展的意见》
2020 年 9 月	国家发展改革委、科技部、工业和信息化部、财政部共同印发《关于扩大战略性新兴产业投资培育壮大新增长点增长极的指导意见》
2020 年 10 月	工业和信息化部印发《"工业互联网＋安全生产"行动计划（2021—2023 年）》
2020 年 12 月	工业和信息化部印发《工业互联网标识管理办法》
2020 年 12 月	国家发展改革委、中央网信办、工业和信息化部、国家能源局共同印发《关于加快构建全国一体大数据中心协同创新体系的指导意见》
2021 年 1 月	工业和信息化部印发《工业互联网发展行动计划（2021—2023 年）》

二、区域级政策环境持续优化

工业互联网正成为推进长三角地区高质量发展的重要支撑，多项合

作围绕工业互联网一体化展开。2020年1月,上海、江苏、浙江、安徽等地经信部门签署《共同推进长三角工业互联网一体化发展示范区建设战略合作协议》,提出长三角地区将共同发挥"示范区"头雁效应,全力打造工业互联网创新驱动、融合应用的"生态区",技术牵引、机制创新的"试验区",聚焦痛点、精准发力的"攻坚区",协同共促、先行先试的"样板区",打造世界级先进制造业集群。上海市工业互联网协会联合上海交通大学、同济大学、上海电气、上海明材教育、江苏中天、江苏徐工、宁波职业技术学院、安徽科惠等15家高校和企业,共同签署了《"工赋学院"长三角工业互联网人才实训基地集群建设协议》,提出各方将在人才培养、人才供需精准对接、课程体系开发等方面优势互补,共同推进长三角工业互联网核心人才体系开发和建设。为加快推进长三角资本要素与科创产业链深度融合,上海市临松工业互联网创业投资基金与G60"一廊九城"工信部门(上海松江,江苏苏州,浙江嘉兴、杭州、金华、湖州,安徽合肥、芜湖、宣城),共同签署了《长三角工业互联网产业基金战略合作协议》,提出打通长三角工业互联网产业发展、科技创新、金融服务生态链,形成产融结合、良性互促的发展格局。

京津冀积极谋划,协同部署工业互联网协同发展示范区。北京市政府已正式确定工业互联网是"十四五"期间京津冀协同的主攻方向。北京市工业互联网行业的发展是致力于构建"高精尖"产业体系,2020年6月发布的《北京市加快新型基础设施建设行动方案(2020—2022年)》明确提出,打造服务京津冀、辐射全国产业转型升级的工业互联网赋能体系。2020年6月,天津市滨海新区发布《关于天津市支持重点平台服务京津冀协同发展的政策措施(试行)实施细则》,围绕天津滨海—中关村科技园范围内生产经营的北京转移来天津项目,解决企业及其职工的落户、购房、入学、就医、投融资、财政收入与统计指标分配等方面的后顾之忧。

粤港澳大湾区依托产业和区位优势,正成为我国工业互联网创新发展高地。2019年9月,广州市黄埔区、广州开发区出台《广州市黄埔区广州开发区促进工业互联网产业发展办法》,这是粤港澳大湾区首个区县级工业互联网专项政策。2020年5月,中国人民银行、银保监会、证监会、外汇局,共同印发《关于金融支持粤港澳大湾区建设的意见》,

提出探索建立跨境理财通机制、鼓励符合条件的创新型企业赴港澳融资上市、研究设立广州期货交易所、研究探索设立粤港澳大湾区国际商业银行、研究建立跨境金融创新监管"沙盒"、支持粤港澳三地机构共同设立粤港澳大湾区相关基金，支持险资、银行理财资金参与；优化完善"沪港通""深港通"和"债券通"等金融市场互联互通安排。2020年11月，中国工业互联网大会暨粤港澳大湾区数字经济大会在深圳举行，并现场发布首份粤港澳大湾区工业互联网发展研究报告《粤港澳大湾区工业互联网发展白皮书》。

三、省市级政策环境持续完善

在国家政策的引导下，已有近30个省、自治区、直辖市结合自身实际，发布了本地工业互联网扶持政策，工业互联网在全国大范围兴旺发展的良好局面正在形成。除了新疆、西藏等西部地区仍以工业互联网普及任务为主之外，其余各省市的任务进程均已在5G技术推广、行业应用、大数据中心建设、网络安全保障等领域，说明我国省市级的政策实施力度已经集中在行业应用赋能、区域落地推广、生态机制建设等方面（见表2-2）。

表2-2 部分省市级工业互联网政策一览表（2020年至今）

省　市	政　策　名　称
安徽	关于深化"互联网+先进制造业"发展工业互联网的实施意见
北京	关于印发《北京工业互联网发展行动计划（2018—2020年）》的通知
重庆	关于印发重庆市推进工业互联网发展若干政策的通知
重庆	关于印发重庆市深化"互联网+先进制造业"发展工业互联网实施方案的通知
福建	关于深化"互联网+先进制造业"发展工业互联网的实施意见
福建	关于进一步深化改革扩大开放的若干措施
甘肃	关于印发《甘肃省工业互联网发展行动计划（2018—2020年）》的通知
甘肃	关于扩大和升级信息消费的实施意见
广东	关于印发广东省深化"互联网+先进制造业"发展工业互联网实施方案及配套政策措施的通知
广东	《广东省"5G+工业互联网"应用示范园区试点方案（2020—2022年）》

续表

省　市	政　策　名　称
广西	关于印发广西深化制造业与互联网融合发展实施方案的通知
贵州	贵州省推动大数据与工业深度融合发展工业互联网实施方案
贵州	关于印发贵州省深化制造业与互联网融台发展实施意见的通知
海南	海南省人民政府关于深化制造业与互联网融合发展的实施意见
河北	关于加快推进工业转型升级建设现代化工业体系的指导意见
河北	关于加快推进现代服务业创新发展的实施意见
河南	关于印发河南省智能制造和工业互联网发展三年行动计划的通知
河南	关于印发河南省支持智能制造和工业互联网发展若干政策的通知
黑龙江	关于印发黑龙江省"互联网+工业"行动计划的通知
湖北	关于印发湖北省进一步扩大和升级信息消费持续释放内需潜力实施方案的通知
湖北	湖北省工业互联网发展工作计划（2018—2020年）
湖南	关于进一步鼓励移动互联网产业发展的若干意见
吉林	关于推动创新创业高质量发展打造"双创"升级版的实施意见
吉林	关于印发《吉林省培育工业互联网APF计划》的通知
吉林	关于深化工业互联网发展的实施意见
江苏	关于印发智慧江苏建设三年行动计划（2018—2020年）的通知
江苏	关于进一步扩大和升级信息消费持续释放内需潜力的实施意见
江苏	关于推进制造业与互联网融合发展的实施意见
山西	关于深化"互联网+先进制造业"发展工业互联网的实施意见
陕西	关于深化制造业与互联网融合发展的实施意见
上海	关于印发《上海市工业互联网产业创新工程实施方案》的通知
上海	关于印发《上海市工业互联网创新发展应用三年行动计划（2017—2019年）》的通知
四川	关于印发进一步打大和升级信息消费持续释放内需潜力实施方案的通知
天津	关于深化"互联网+先进制造业"发展工业互联网的实施意见
天津	天津市加快工业互联网创新应用推动工业企业"上云上平台"行动计划（2018—2020年）
天津	关于印发天津市工业互联网发展行动计划（2018—2020年）的通知
云南	关于印发云南省工业互联网发展三年行动计划（2018—2020年）的通知
云南	关于推进互联网协议第六版（IPv6）规模部署的实施意见

续表

省　　市	政　策　名　称
浙江	关于加快发展工业互联网促进制造业高质量发展的实施意见
	关于印发浙江省全面改造提升传统制造业行动计划（2017—2020年）的通知
江西	关于印发江西省传统产业优化升级行动计划（2018—2020年）的通知
	关于深化"互联网+先进制造业"发展工业互联网的实施意见
	关于印发江西省省属国有企业高质量发展行动方案（2018—2020年）的通知
	《推进"5G+工业互联网"融合发展实施方案》
辽宁	关于印发辽宁省工业八大门类产业科技攻关重点方向的通知
内蒙古	内蒙古自治区经济和信息化委员会关于制造业"万户企业登云"三年行动计划（2018—2020）
宁夏	关于加快"互联网+先进制造业"发展工业互联网的实施意见
青海	青海省人民政府关于深化"互联网+先进制造业"发展工业互联网（2018—2020年）的实施意见
	青海省人民政府关于推动制造业与互联网融合发展的实施意见
山东	关于促进全省移动互联网健康有序发展的实施意见
	山东省推进互联网协议第六版（IPv6）规模部署行动计划的实施方案
	关于印发山东省新旧动能转换重大工程实施规划的通知
	关于印发山东省装备制造业转型升级实施方案的通知

第二节　工业互联网平台应用实践不断深入

随着工业互联网平台的持续发展，平台赋能作用不断深化，垂直行业基于工业互联网平台的数字化转型步伐明显加快，区域发展高地初步显现，基于平台的新模式新业态不断发展壮大。

一、垂直行业应用深入，面向特定场景的系统解决方案持续涌现

当前，工业互联网平台已应用于石化、钢铁、电子信息、家电、服装、机械、汽车、装备、航空航天、交通、医疗等30余个国民经济重点行业。如表2-3所示，垂直行业基于工业互联网平台的数字化转型步伐加快，已经涌现出机器视觉检测、精准远程操控、现场辅助装配、智

能理货物流、无人巡检安防等典型应用场景，应用范围由生产外围向核心环节持续延伸，催生了新增长点。

表 2-3　工业互联网在垂直行业的典型应用实践

行业	行业特点	行业痛点	数字化转型趋势	典型应用场景	典型企业
钢铁	生产流程长；生产工艺复杂；供应链冗长	设备维护低效化；生产过程黑箱化；下游需求碎片化；环保压力加剧化	设备管理由传统维护向智能维护转变；生产工艺由黑箱式向透明化转变；供应链体系由局部协同向全局协同转变；环保管理由粗放型向清洁型转变	设备全生命周期管理；智能化生产；供应链协同；绿色化生产	东方国信、宝钢集团、优也信息、南钢集团、酒钢集团
石化	设备价值高；工艺复杂；产业链长；危险性高；环保压力大	设备管理不透明；工艺知识传承难；产业链上下游协同水平不高；安全生产压力大	设备管理从黑箱管理健康管理转变；知识管理从纸质封存向模型封存转变；供应链管理从企业内向企业间协同转变；安全管理从人工巡检向智能巡检转变	设备健康管理；智能炼化生产；供应链协同；安全监控	中石化九江石化、恒力石化、石化盈科、中油瑞飞
煤炭	工艺流程复杂；风险故障频发；资本设备密集；生产条件多变	生产风险高；设备管理难；物流成本高；环境污染大	煤炭开采由人工为主向无人开采转变；矿山管理由分布管理向集团总控转变；煤炭销运由被动排队向智慧运输转变；生态保护由宏观设计向精准计量转变	智能安全开采；矿山综合管理；煤炭智慧运输；生态资源保护	华为、神华集团、大同煤矿、山西焦煤、蒙草集团
航空航天	研发周期长；产品种类多、规模小；产业链特别长	数据源不统一；模型适配性不足；故障预测水平有待提升	研发设计由串行异构到并行协同转变；生产制造由以数映物到数物融合转变；生产管理由单点对接到动态调整转变；运维服务由定期维护到视情维护转变	基于MBD的研发设计；基于CPS的智能制造；基于大数据分析的供应链管理；基于PHM的运营维护	商飞、西飞

续表

行业	行业特点	行业痛点	数字化转型趋势	典型应用场景	典型企业
船舶	零件数量大；生命周期长；资本投入大；技术要求高等	接单难；交船难；融资难	研发设计由串行异构向并行协同转变；生产制造由数字化向智能化转变；供应链管理由重经验向重需求转变；盈利模式由卖产品向卖服务转变	基于三维模型的协同设计；基于CPS的智能制造；供应链协同；服务化延伸	江南造船、黄埔文冲、沪东中华造船、安世亚太、达索、
汽车	产品精密复杂；生产工艺复杂；技术门槛高；供应链分散	研发设计周期长；下游需求碎片化；供应链管理困难；售后服务低效化	研发设计由独立分散向网络协同转变；生产制造由大批量生产向规模化定制生产转变；产供销管理由信息孤岛向全局协同转变；盈利模式由单一销售向全方位服务转变	研发设计协同；规模化定制生产；产供销协同；服务化延伸	一汽集团、上汽集团、广汽集团、北汽集团、东风汽车、吉利汽车、长安汽车
轨道交通	集约化管理；系统相对封闭；运量大、要求高	资源调配效率低下；车辆运维困难；客户需求不断提高	研发设计数字化；生产制造柔性化；产业链管理一体化；车辆运维智能化	研发仿真；协同制造；产业链管理；设备健康管理	中车四方、中车株机、中车浦镇
工程机械	设备产品；多样化；生产过程离散化；供应链复杂	资源调配效率低下；机械设备运维困难；金融生态不完善	设备维护按需化；备件管理精益化；产融结合在线化；解决方案服务化	设备预测性维护；备品备件管理；智慧施工；互联网金融	卡特彼勒、小松、日立、徐工集团、三一重工、中联重科
家电	技术更新速度快；产品研发周期短；产品同质化程度高	生产智能化水平低；供应链协同效率低；行业营收增速放缓	生产方式由规模化生产向规模化定制方向转变；经营方式由生产型经营向平台型经营转变；盈利模式由卖产品向卖服务转变	柔性化生产；供应链协同；智能家居解决方案	海尔集团、美的集团、海信集团、格力电器、松下电器

续表

行业	行业特点	行业痛点	数字化转型趋势	典型应用场景	典型企业
电子	产品附加值高；技术迭代快；产品质量要求高	新产品生产周期长；设备管理精度不够；劳动力较为密集	设备管理由粗放管理向健康管理转变；生产制造从劳动密集向人机协同转变；产品质量由人工检测向机器视觉检测转变	设备健康管理；智能化生产；产品质量检测供应链协同	富士康、腾晖光伏、华星光电、新华三、华为
风电	地理位置偏僻；资本技术密集；发电波动性大	风场设计周期长；设备维护成本高；并网协调效率低；弃风漏风较严重	数据采集由底层互联向全面感知转变；设备维护由人工调试向智能运维转变；风场管理由单场单管向虚拟集成转变	虚拟风场设计；设备预测维护；智慧风场管理；精准柔性供电	金风科技、远景能源、昆仑数据、明阳智能、华能集团

二、区域发展高地显现，多点联动协同效应逐步显现

工业互联网平台领域政企合作、区域协同、产业集聚不断深入，北京、广东、山东、浙江等地区发挥先发优势、强化供需协同，率先培育了一批具有较强行业影响力和社会认可度的工业互联网平台，区域发展高地显现。一是已初步形成以解决方案供应商集聚为特色的北京高地。北京市立足于首都城市战略定位，培育工业互联网高端供给，已呈现高端智库资源优势突出、基础支撑能力不断增强、平台赋能水平显著提升、发展生态持续完善、政策体系初步构建、"4+N"产业布局日益清晰的发展特点。二是以产业链协同为特色的广东高地。广东围绕注塑、模具、定制家居等企业集群，引导平台和集群供需精准对接，推动集群企业整体上云。三是以新旧动能转换为特色的山东高地。山东工业结构较为传统，是全国重工业大省，化工、钢铁以及煤炭等传统产业占工业比重约70%，借助于工业互联网"弯道超车"。海尔卡奥斯平台已孵化农业、建材、模具等15个行业生态，浪潮云助力东方电气、潍柴动力、云内动力、北汽股份等制造业龙头工业互联网的应用落地，如意集团、浩信集团、酷特智能等传统产业企业纷纷利用工业互联网推动自身转型升级。四是以块状经济推广应用为特色的长三角等区域发展高地。长三角三省一市推进长三角工业互联网一体化示范区建设，凭借新一代信息技

术的领先优势，推进生产要素、科技创新、人才资源、金融服务的跨区域协同，打造世界级先进制造业产业集群。

三、新模式新业态涌现，融合创新步伐加快

互联网、大数据、人工智能等新一代信息技术与制造业加速融合，正在引发生产方式、组织模式和商业范式的深刻变革，新模式新业态蓬勃发展，为制造业数字化转型注入新动能新活力。工业互联网平台正推动传统制造系统各个环节和要素的解耦、整合和重构，优化工业全要素、全产业链、全价值链的资源配置，并促进数字化管理、智能化生产、网络化协同、个性化定制、服务化延伸等新模式以及零工经济、共享制造、现代供应链、工业电子商务、产业链金融等新业态向更高层次、更高水平迁移。例如，海尔、富士康、树根互联等领先企业基于平台打通核心数据链，实现覆盖生产制造、产品全生命周期以及供应链的数据贯通，推动资产管理、运营管理、组织管理等方面的数字化管理创新，切实提升了企业管理能力和效率。航天云网、商飞、石化盈科等制造企业，依托工业互联网平台，开展协同设计、协同制造、协同运维、供应链协同等业务，加速构建大配套、大协作的网络化协同体系，实现研发、制造、管理、运维的一体化协同（见表2-4）。

表 2-4 基于工业互联网的新模式

新模式新业态	典型特征	典型场景	典型行业	典型企业
数字化管理	数据：从附属产物到生产要素；管理：从业务驱动到数据驱动；组织：从刚性架构到液态架构	资产管理；运营管理；组织管理	机械制造、电子加工、能源石化等	海尔、富士康、树根互联等
智能化生产	设备智能化；生产柔性化；优化动态化	智能设备；智能产线；智能服务	电子、装备制造、汽车等	富士康、徐工、发那科、惠普、商飞、阿里恒逸石化、华星光电、上汽等

续表

新模式新业态	典型特征	典型场景	典型行业	典型企业
网络化协同	数据：从局部孤岛到连通体系； 资源：从价值链条到价值网络； 业务：从串行推进向并行协同； 能力：从局部优化到全局优化	协同设计； 协同制造； 协同运维； 供应链协同	航空航天等	航天云网、商飞、石化盈科等
个性化定制	用户中心化； 数据贯通化； 生产柔性化	少品种大批量定制； 多品种小批量定制； 小作坊式单件定制	家电、家具、服装等	海尔、航天云网、酷特智能等
服务化延伸	企业定位：从制造商向服务商转变形成； 产品形态：从产品向产品服务系统转变； 商业模式：从短期交易到长期服务转变	产品效能提升服务； 产业链条增值服务； 综合解决方案服务	工程机械、家电等	三一重工、中联重科、徐工、海尔等

第三节　工业互联网平台市场认可度不断提高

随着工业互联网平台的持续发展，工业互联网平台建设由单纯的政府牵引更多发展为企业自觉行为，并在投融资方面捷报频传。

一、平台商业模式逐渐清晰

万得数据库显示，从投融资规模来看，2020 年 1—12 月，工业互联网领域共发生了 16 宗融资活动，融资总额达到 57.7 亿元，融资总规模较大。从全年数据来看，超过 8 宗的融资规模过千万元，超过 5 宗的融资规模过亿元（见表 2-5）。

表 2-5 部分工业互联网领域投融资情况

时间	融资企业	投资方	融资方式	金额（万元）
2021-03-18	航天云网科技发展有限责任公司（航天云网）	中银投资、招商局资本、深创投、中国兵器、宏桂集团、招商局资本	Strategy	263200
2021-03-08	苏州慧工云信息科技有限公司（慧工云）	广电电气	B	—
2021-01-26	苏州凌犀物联网技术有限公司	水滴石	Angel	1000
2021-01-11	哈尔滨博实自动化股份有限公司（博实股份）	—	Strategy	173300
2020-11-04	埃睿迪信息技术（北京）有限公司（iReadyIT）	北京量子跃动科技有限公司	Strategy	—
2020-08-29	南京维拓科技股份有限公司（维拓科技）	—	A	—
2020-08-26	无锡雪浪数制科技有限公司（雪浪云）	晨山股权、国投高新	A	—
2020-08-05	长扬科技（北京）有限公司（长扬科技）	中信投资	C	15000
2020-07-28	海尔卡奥斯物联生态科技有限公司（卡奥斯）	—	A+	20000
2020-06-22	北京德风新征程科技有限公司（德风信息）	创新方舟	A	8000
2020-06-01	格创东智科技有限公司（格创东智）	—	A	—
2020-05-13	重庆飞象工业互联网有限公司（飞象互联）	杭州阿里巴巴创业投资管理有限公司	Strategy	750

续表

时间	融资企业	投资方	融资方式	金额（万元）
2020-05-08	锚云（上海）物联网科技有限公司（锚云物联）	上海磐陇股权投资基金合伙企业	A+	—
2020-04-01	海尔卡奥斯物联生态科技有限公司（卡奥斯）	无锡诚鼎智慧城市创业股权投资合伙企业、山东吉富金谷新动能股权投资基金合伙企业、青岛同创致恒股权投资合伙企业、国有企业结构调整基金、深圳市投控东海中小微创业投资企业、招商致远资本、赛富投资基金	A	95000
2020-03-02	语祯物联科技（上海）有限公司（语祯物联）	云时资本，源码资本	A	—
2020-02-28	上海异工同智信息科技有限公司（异工同智）	—	VC，Pre-A	1000

数据来源：万德数据库

二、双跨平台融资情况良好

双跨工业互联网平台成为资本关注重点。2020 年 3 月，海尔卡奥斯完成 A 轮融资，融资规模达 9.5 亿元，由国调基金领投，诚鼎基金、招商致远资本、控投东海等机构跟投。2021 年 3 月，工业互联网公共服务平台航天云网完成 26.32 亿元战略融资，本轮融资由工银投资、招商局资本、深创投等机构领投，以具有产业协同效应的战略投资机构为重点、成功引入 17 家投资机构。2020 年 3 月，浪潮云完成 C 轮融资，估值突破 100 亿元。2020 年 12 月，树根互联已完成 C 轮 8 亿元融资，本轮融资由 IDG 资本领投，腾讯战略投资、海通投资、科源产业基金、天雅资本、建信金圆及现有股东众为资本跟投。

三、专业型平台融资蓬勃发展

专业性工业互联网相关投融资活动十分活跃。2020 年 2 月，异工同智获得 1000 万元 Pre-A 轮融资；2020 年 4 月，恒力华振获得 Pre-A

轮融资，投资机构为达晨创投领投、明照资本跟投；2020 年 5 月，飞象互联获得 750 万元战略融资，投资方为杭州阿里巴巴创业投资管理有限公司；2020 年 6 月，TCL 旗下工业互联网公司格创东智，获得云锋基金亿元级 A 轮融资。2021 年 1 月，工业互联网平台厂商寄云科技宣布完成近亿元 C 轮融资，投资方为电科研投基金；2021 年 1 月，哈尔滨博实自动化股份有限公司获得 17.33 亿元战略融资；2021 年 3 月，云道智造完成战略融资，投资方为哈勃投资。

平台篇

第三章

海尔：COSMOPlat

海尔作为中国最早一批探索工业互联网的企业，自 2012 年就开始智能制造转型的探索实践，从大规模制造向大规模定制转型。在 30 余年的制造基础上，海尔将实践经验产品化、服务化、社会化，自主打造的具有中国自主知识产权的工业互联网平台 COSMOPlat，其核心是大规模定制模式，通过持续与用户交互，将硬件体验变为场景体验，将用户由被动的购买者变为参与者创造者，将企业由原来的以自我为中心变成以用户为中心。

第一节　企业基本情况

2016 年年底，在智能制造探索经验的基础上，海尔推出了全球首个以用户为中心的工业互联网平台 COSMOPlat。COSMOPlat 是海尔集团战略业务，负责海尔集团整个智能制造、IT 服务业务及海尔大规模定制模式对外赋能。通过前联研发、后联用户，进而打通整个生态价值链，实现高精度下的高效率。COSMOPlat 可为中国企业智能制造转型升级提供平台服务，可为企业客户复制行业最佳实践、减少试错成本、提升生产效率、降低库存压力，为中国智能制造提供有价值的参考和经验。

截至 2020 年，COSMOPlat 已打造了全球领先的 15 大互联工厂，通过生态圈模式与七大模块互联互通，已成为房车、建陶、农业、机械等 15 类行业生态数字化转型的重要引擎，覆盖了华东、华北等六大区

域，并在 20 个国家复制推广，为全球用户提供衣、食、住、行、康、养、医、教等全方位的美好生活体验。作为有完全知识产权的工业互联网云平台及支撑的技术创新平台、专业服务平台、产业孵化平台实现全球引领。用海尔的智能制造实践经验及能力开放服务社会，推动中国制造业转型升级。COSMOPlat 以互联工厂模式为基础，以大规模定制解决方案为核心应用，以用户为中心，实现大规模制造向大规模定制的转型，引领全球，得到全球企业、政府和客户的广泛认可，并将持续进行跨行业、跨领域赋能。

在"人单合一"模式指导下，海尔率先开启了物联网时代的生态品牌建设，实现由网器到场景到生态（智家云）的升级。COSMOPlat 全面加速生态构建，围绕用户需求链接多维资源，为用户提供场景生态下的定制化服务，为海尔智慧家庭产品、服务及解决方案的快速、精准落地奠定了坚实基础，实现场景替代产品、生态覆盖行业的转型引领。

第二节 平台总体情况

COSMOPlat 是一个边云结合的分布式结构。平台包含门户（工业应用场景）、SaaS、PaaS、IaaS 和边缘端 5 个层级。其拥有两大差异化和五大核心能力。

一、COSMOPlat 的差异化优势

一是 COSMOPlat 是一个用户交互平台，为赋能企业全流程接入用户资源，由此带来了大规模制造向大规模定制的转型，真正解决中小企业有顾客没用户的痛点；二是 COSMOPlat 是一个共赢增值的平台，能帮助中小企业和生态方一起为用户创造价值，分享价值。企业升级的同时，COSMOPlat 也由高增值、高分享产生带来了生态收入。

二、COSMOPlat 的核心能力

核心能力可总结为"1+7+N"，即 1 个平台（COSMOPlat）7 个模块（交互定制、开放创新、精准营销、模块采购、智能生产、智慧物流、

智慧服务等覆盖全流程的七大环节）在多个行业建立一个架构。通过泛在物联能力、知识沉淀能力、大数据分析能力、生态聚合能力、安全保障能力五大能力实现COSMOPlat灵活部署、跨行业快速复制，赋能企业转型升级。

（1）泛在物联能力。平台具备超过1500+的驱动协议插件来满足海量异构数据的接入。支持从低端到高端、从MCU设备直连到ARM、X86边缘计算设备，从RTOS到RTLinux；支持安全从软加密到芯片级硬加密。边缘端和云端都支持图形化的数据流编排、实时计算任务支持拖拽式设计与操作，非常适合OT（工业）用户的操作习惯，简单易用而且灵活，已连接的设备数量超过千万台。

（2）强大的云化服务能力。COSMOPlat采用私有云+公有云的混合云技术架构与资源生态，具有即需即供、弹性部署、横向扩展的综合服务能力。

（3）工业Know-How沉淀能力。海尔拥有超过30多年的制造业实践积累，制造业基因强大，业务领域覆盖交互、研发、营销、采购、生产、物流、服务七大业务环节，积累并沉淀制造经验为可以复制的机理模型、微服务和工业App，并开展人工智能、区块链等新技术与全流程的融合应用。

（4）强大的生态聚合能力和强大的安全保障能力。海尔已由制造型企业成功转型为平台型企业，拥有自主研发的海安盾工业互联网安全解决方案。具有成熟的安全管理类体系，通过ISO27001国际安全体系认证；具有完善的基础安全体系，主流安全防护系统超过15个，分层分域覆盖互联网安全、网络安全、主机安全、数据安全、工控安全，划分生产区域、测试区域、工控安全域、广域网区域、办公区域、外联区域，对不同的安全进行不同策略的部署和访问控制。具有安全新技术的应用，基于安全大数据的安全分析，动态感知各类资产的安全威胁，具有业界领先的预测性保障和安全防护能力。

基于COSMOPlat的差异化、模式和技术的创新，实现了在国际上的引领。2018年7月份，IEC也决定由海尔牵头制定工业互联网技术标准，截至2020年，国际四大标准组织中已有三大标准组织IEEE/ISO/IEC均由海尔牵头制定大规模定制模式的相关标准。2018年9月，海尔又获评世界经济论坛全球"灯塔工厂"标杆企业,全球共 9 家,海尔是唯一的中国本土企业。

第三节 典型行业解决方案

一、"SINDAR 幸达"房车露营行业工业互联网解决方案

(一)概述

1. 行业痛点问题

在中国市场,房车露营行业是一个新兴产业、阳光产业。根据国家旅游局相关报告统计,2018 年,中国市场自驾游人次已达到 31 亿次,房车保有量已突破 10 万辆,房车营地总数达到 1239 个,2020 年,中国房车保有量达到 15 万辆,房车营地总数突破 2000 个。

随着中国经济高速发展,国民消费持续升级,且国家在投资和消费双重政策层面不断推动旅游行业转型升级。房车露营作为新兴"户外旅行"受到越来越多中国家庭的青睐,中国房车露营市场迎来飞速发展的黄金时期。

然而,目前房车行业存在制造工艺和效能落后、房车改装质量参差不齐、房车租赁和旅行配套服务不完善、用户体验差等诸多问题。总体来说,割裂的服务使得用户买了车但不知道怎么玩,去哪儿玩,去哪儿补给等。而企业也无法实现房车生产、租车、运营、商超、供应链等多业态的有效联动管理和运营,房车露营企业业务经营效率很低没有形成创新性的商业模式,创收能力差。

在此背景下,卡奥斯工业互联网平台 COSMOPlat 坚持以用户为中心,创建了多方共赢的房车露营行业生态品牌"SINDAR 幸达",为整个房车露营行业提供从硬件定制到服务定制再到生态定制的差异化解决方案,为 B 端房车企业、营地以及 C 端个人用户提供一站式服务赋能解决方案,实现房车企业从大规模制造到大规模定制转型,打造从智慧房车定制再到智慧出行场景定制的体验平台。

2. 服务范围

"SINDAR 幸达"智慧房车露营生态解决方案是要打造一个生态共

赢平台，致力于为房车露营上下游全产业链进行有效赋能，包括系统赋能、模式赋能、运营赋能、体验赋能，与房车露营生态上的体验用户、企业客户、供应商、资源方等所有合作方一起实现多方共赢，真正让房车露营行业健康快速发展，让自然成为生活，让家人更多陪伴。

"SINDAR 幸达"以房车互联工厂为切入点，以智慧房车和智慧营地为触点，创建房车行业以用户需求为中心的全球引领的物联生态品牌。"SINDAR 幸达"提供从硬件定制到服务定制再到生态定制的差异化解决方案，在三个业务场景（房车互联工厂场景、房车使用体验场景和房车露营体验场景），为房车工厂企业客户、C 端个人旅行用户以及房车露营地，提供一站式赋能和体验服务。

3. 解决方案特征/优势

（1）"SINDAR 幸达"房车行业互联工厂赋能解决方案

首先用户对房车功能的需求往往不能直达房车生产端，因此"SINDAR 幸达"提供房车用户定制平台，为用户量身定制符合自身喜好和功能需求的个性化房车。

（2）"SINDAR 幸达"房车露营行业差异化解决方案

针对房车互联工厂场景的诸多问题，"SINDAR 幸达"提供房车行业互联工厂赋能解决方案，为房车生产企业提供社群交互、开放研发、数字营销、模块采购、智能制造、智慧物流、智慧服务及智能产品八大解决方案。

（3）"SINDAR 幸达"智慧房车解决方案

针对房车使用体验场景的诸多问题，"SINDAR 幸达"提供智慧房车解决方案，根据出行场景和车载要求全新设计开发，采用工业级传感器、车规设备和触控屏，设备之间采用更可靠的有线连接，可以采集房车内水箱、电池等专用设备数据；操控界面和交互场景更加适合车载使用。

（4）"SINDAR 幸达"智慧房车露营体验解决方案

针对房车露营体验场景的诸多问题，"SINDAR 幸达"提供智慧房车露营体验解决方案，包含：App/小程序等用户体验交互门户平台、房车露营地 PMS 资源管理平台等。

（二）解决方案技术实现

"SINDAR 幸达"智慧房车露营生态平台依托海尔 COSMOPlat，应用海尔 COSMOPlat 的大规模定制模式，从需求交互、开放创新、精准营销、模块采购、智能生产、智慧物流、智慧服务及智能产品八大节点对房车露营行业平台进行业务功能整合。

"SINDAR 幸达"智慧房车露营生态平台在工业互联网架构的介质层、SaaS 层、PaaS 层、边缘层为房车露营行业三个业务场景分别提供了三种解决方案：房车行业互联工厂赋能解决方案、智慧房车解决方案以及智慧露营体验解决方案，如图 3-1 所示。

此外，"SINDAR 幸达"智慧房车露营生态平台还可与企业的 ERP、APS、MES、MS 数据互联互通，形成产业链数据横向集成，企业数据纵向集成，房车产品数据全生命周期集成，最终实现企业制造成本下降、生产效率提升，订单增长等运营水平的综合提升。

（三）落地应用效果

"SINDAR 幸达"智慧房车露营生态解决方案提供房车行业互联工厂赋能服务，对山东荣成康派斯新能源车辆股份有限公司的企业管理、房车生产等全流程环节进行工业平台再造。

荣成康派斯公司依托海尔 COSMOPlat，设计"SINDAR 幸达"智慧房车露营生态解决方案，建设房车行业生态圈。通过构建交互定制平台，精细化经营房车用户社群，实现房车的大规模定制化生产；通过构建创新设计平台与用户交互，实现用户体验的创新设计；通过构建模块化采购平台，实现房车功能模块的标准化、模块化进程；通过赋能工厂智慧化生产、智慧化服务，为用户交车过程提供透明可控的条件；通过构建智慧售后服务平台，为工厂、用户提供可靠、贴心、及时的售后服务通道。

通过运用"SINDAR 幸达"智慧房车露营生态解决方案，荣成康派斯公司一方面通过线上社群交互，让用户可以基于场景定制房车，让用户参与到房车生产的全生命周期，使其转型成为房车行业"互联工厂"，将传统房车打造成为智慧房车。同时，用户在体验智慧房车过程中还

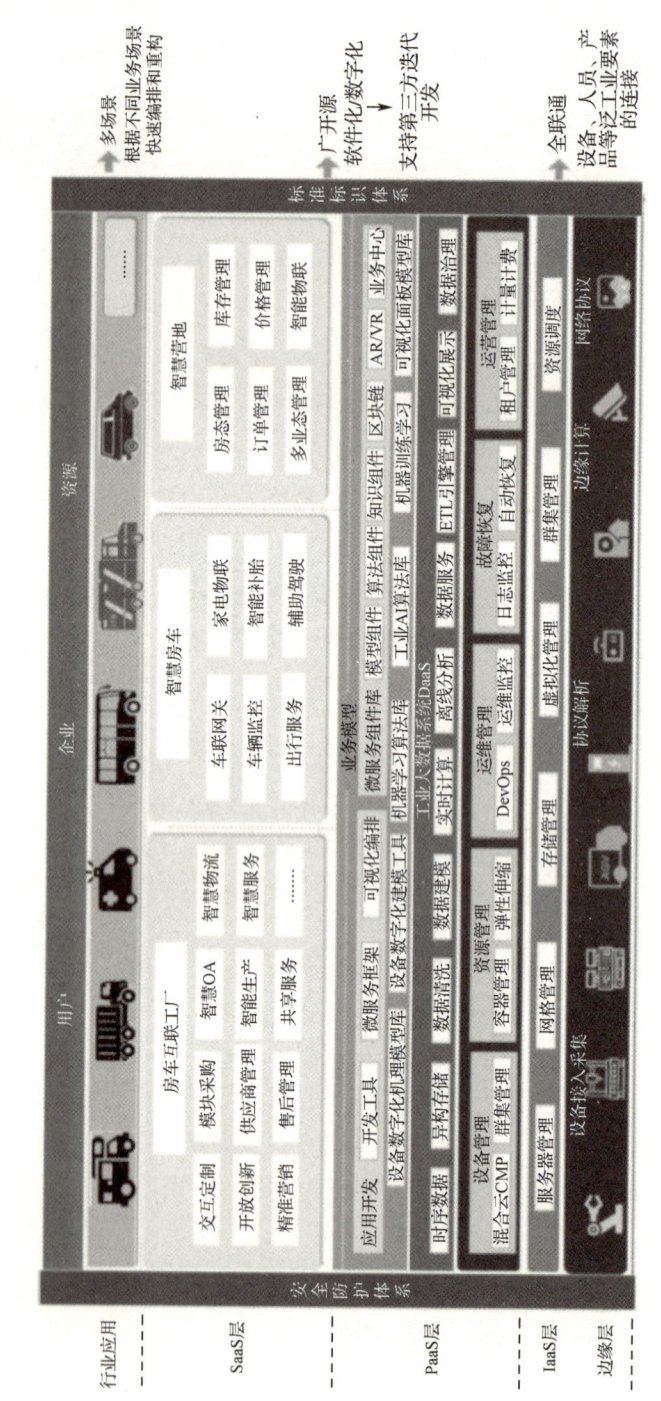

图3-1 "SINDAR 幸达"智慧房车露营生态平台总体系统架构

第三章 海尔：COSMOPlat

可以持续和企业交互，促进荣成康派斯公司不断迭代房车的产品设计和制造流程；另一方面，智慧房车还与线下房车营地互联互通，通过一键定制，还可以实现预约房车营地更多的增值服务。

荣成康派斯公司围绕房车的大规模定制需求，海尔 COSMOPlat 从交互定制（DIY）、模块采购（HDY）、智能制造（IM）、智慧物流（RRS）以及智慧服务（U+）五个点进行切入，为荣成康派斯公司进行赋能转型。目前通过 COSMOPlat 赋能，康派斯综合采购成本降低 7.5%，交付周期从 35 天缩短为 20 天，订单同比增长 62%，一次性交检合格率达到 95%。

（四）创新点及推广价值

荣成康派斯公司通过海尔 COSMOPlat 工业互联网平台"SINDAR 幸达"智慧房车露营生态解决方案，聚集房车企业及上下游企业在平台进行集约采购，并且将房车帐篷、家具以及房车框架供应商集中产业园，部分物料可降低采购成本 12%，综合采购成本降低 7.3%。

通过植入海尔制造 T 模式，制造从无节奏到均衡生产，生产速度从 40 分钟/车变为 20 分钟/车，交货期从 35 天缩短为 20 天。下一步将从产品模块化、生产自动化、管理信息化、产品智能化进一步升级改造。

此外，荣成康派斯公司与海尔 COSMOPlat 跨境物流思南平台合作，充分利用海尔的物流资源优势和海外仓，产品远销韩国、澳大利亚等国家，已占有韩国房车 40%市场份额，同时联合海尔 COSMOPlat、中国汽车研究所将在荣成建立免税户，打造东南亚最大的房车生产基地，进一步扩大荣成康派斯公司在国际市场的竞争力和占有率。

通过海尔 COSMOPlat"SINDAR 幸达"智慧房车露营生态解决方案赋能，荣成康派斯公司设计的智慧房车在国际性展会上斩获"AIC AWARDS"荣誉大奖，在凤凰新闻、腾讯新闻、大众网等众多媒体上引起轰动。目前，智慧房车已在工信部第 311 批次汽车公告公示，近日可挂牌销售。荣成康派斯公司与海尔共建房车行业子平台已成为山东省新旧动能转换优选项目，加速了新三板的挂牌，同时获得工信部工业互联网试点示范。

海尔 COSMOPlat 工业互联网平台通过"SINDAR 幸达"智慧房车露营生态解决方案赋能传统房车行业，已经吸引了 150 余家房车上下游企业，200 余个营地生态入驻"SINDAR 幸达"平台，获得近百万精准 C 端用户注册使用。通过"SINDAR 幸达"智慧出行整体解决方案专业有效的管理，房车营地的住宿率提升 25%，管理及服务人员成本下降 10%，营地业态的增加让营地产品溢价 40%。为房车及露营企业实现增加创收 50%以上。

目前，依托于海尔 COSMOPlat 工业互联网平台的"SINDAR 幸达"智慧房车露营生态解决方案，已经在山东荣成规划和初步建成了产业示范基地，为当地经济和辐射生态圈带来巨大的产业汇聚效应和转型升级以及提质增效的示范效果。

二、建陶解决方案

（一）概述

1. 行业痛点问题

海享陶是 COSMOPlat 建陶行业的子平台，其定位是赋能建陶行业中小企业转型升级。目前建陶行业集中度低，存在着高污染、高库存、高耗能的痛点，受环保和市场的双重压力，中小企业面临极大的生存压力。这些难题是建陶企业自身解决不了的。海享陶通过构建销售、制造、采购、研发四个能力，打造了淄博统一陶瓷的样板，对建陶企业进行全流程赋能。

2. 服务范围

（1）销售赋能：海享陶开放连接地产/家居等销售渠道，为企业实现卖得多、卖得快。比如，统一陶瓷为海尔智家 001 号店提供了全场景的建陶产品解决方案。上平台半年时间新增销售收入 5200 万元。

（2）研发赋能：通过引入一流的研发资源，赋能统一陶瓷产品升级，如防静电瓷砖解决方案。实验室、数据机房等场所对瓷砖有防静电的需求，海享陶联合国家静电防护实验室，快速迭代出了防静电瓷砖解决方案，实现了产品升级和溢价，普通瓷砖价格大约 80 元，防静电瓷砖能达到 200 多元。

（3）制造赋能：通过智能制造平台，解决了工艺质量和设备效率问题，实现了生产效率提升35%。

（4）采购赋能：通过对淄博建陶产业集群原材料进行集中采购，降低大宗原材料的采购成本。

3. 解决方案特征/优势

COSMOPlat着眼用户需求，推出陶行业首个工业互联网生态品牌海享陶，从"纵向"与"横向"两大维度进行赋能：纵向来看，捕捉用户端个性化需求，引入优质行业资源，全面提升建陶企业核心能力，推动其向大规模定制转型。例如，快速整合一流研发资源迭代出防静电瓷砖解决方案，极大提升了统一陶瓷的品牌溢价能力。横向来看，各攸关方共同满足用户最佳体验，依据智能合约机制实现增值分享，平台不断优化创新。因为样板的增值分享产生了生态引力，淄博的建陶企业纷纷抢着上平台。

统一陶瓷上平台后不到一个月的时间内，不仅产品质量有了显著提升，采购和销售两大模块更是让原料采购价格平均下降15%，并带来1000万元的大订单。统一陶瓷在得到真金白银的增值分享之后，山东淄博统一陶瓷有限公司董事长袁国梁表示将借助COSMOPlat打造建陶行业的"灯塔工厂"。

如今，COSMOPlat打造的这一样板在区域上已由淄博复制到唐山、佛山，行业上向生活陶瓷和石材进行了演进，海享陶平台上汇聚的企业已超过1000家。

这种围绕用户需求而成的大规模定制模式，增值赋能助力每个行业形成物联网品牌，加强了工厂与消费者之间的互动，从而使得新物种层出不穷。而企业蜂拥而至，COSMOPlat的生态吸引力也在不断提升。

（二）解决方案技术实现

针对建筑陶瓷行业普遍存在的单点级、系统级、生态级痛点，COSMOPlat建陶子平台引入了主平台上的七大模块能力对企业设备进行自动化升级改造，提供从定制到生产的一体化服务。通过交互模块，充分调研用户需求，做到按需生产；通过营销模块，为企业提供销售渠道，解决企业销售通路；通过设计模块和采购模块企业可共享

COSMOPlat 全球设计及采购资源，节省企业资源协作效率及成本。

在生产智能化方面通过 COSMOPlat-SCADA 实现设备互联，智能控制，预防性维护；三维数字化工厂仿真系统，能 1∶1 再现物理工厂，实现设备状态在线巡检及工业仿真，减少停机，提升设备效率。COSMOPlat-EMS 提供智慧能源管理，针对企业电、气、水的使用进行全方位用能监测，并持续动态优化企业能源大数据模型，提供最佳用能方案；在检测环节，针对建陶表面缺陷检测的痛点，业内率先导入人工智能检测技术。提供智能检测加缺陷分拣的整体解决方案，完全替代人工，识别准确率提升 50%，并且引入机械人建陶包装解决方案，让无人化包装成为可能；搭建的建陶综合大数据平台能实现订单、质量、能源、设备、环保、人员管理六大类信息，实时多终端可视。

（三）落地应用效果

淄博金亿陶瓷通过 COSMOPlat 建陶子平台实现自动压机、辊道窑炉、施釉等生产线的全自动化生产，并引入用户全流程参与的设计、生产、物流等环节，实现由传统产销模式向大规模定制模式转型，实现资源配置优化和提质增效。企业用工由原先的 600 多人下降到 280 人，水、电气等综合节能 27%，综合成本下降了 7.5%。

淄博统一陶瓷通过 COSMOPlat 建陶平台赋能，在不到一个月的时间里，采购和销售两大模块让原料采购价格平均下降 15%，并带来 1000 万元的大订单。除此之外，品牌也实现了增值：由双方共同开发、推广的防静电功能瓷砖，已获得 6 项业内自主领先专利技术，经山东省科技厅鉴定为"填补国内空白，技术性能处于国际领先水平"，并由平台众创定制，实现单品销量增长 58%。

通过不断赋能淄博建陶行业转型升级，海尔 COSMOPlat 已为淄博建陶相关企业、所在产业带来切实可观的改变。目前，COSMOPlat 平台已将当地建陶企业由 135 家整合至 20 余家，促进了企业将产品力转化为品牌力，从传统计划生产向大规模定制模式转型，实现成本综合下降 7%~10%，产能提升 20%。

统一陶瓷上半年在行业销量下滑 23% 的情况下实现了逆势增长 30%，企业利润增长 32%。统一陶瓷计划利用 3 年时间，打造一个陶瓷行业上市公司。

（四）创新点及推广价值

海享陶是 COSMOPlat 建陶行业的子平台，定位是赋能建陶行业中小型企业的转型升级。目前建陶行业集中度低，存在高污染、高库存、高耗能的痛点，受环保和市场的双重压力，中小企业面临极大的生存压力。这些难题是建陶企业自身解决不了的。海享陶通过构建销售、制造、采购、研发4个方面的实力，打造了淄博统一陶瓷的样板，对建陶企业进行全流程赋能。

第四节 下一步发展计划

海尔 COSMOPlat 工业互联网平台未来发展愿景是支撑更多的行业生态，同时实现各行业的生态物联，形成更大生态，进而形成星际生态，为世界贡献一个全球引领的大规模定制模式，打造世界级物联网生态品牌平台，成为国家名片，同时成为企业高质量发展助推器，助力工业企业数字化转型、智能化升级。

第四章
航天云网：INDICS

航天云网科技发展有限责任公司（以下简称"航天云网公司"）是服务中国航天科工及工业企业数字化转型体系建设的工业互联网平台公司。公司于2015年6月成立，打造了全球首批、中国首个工业互联网平台INDICS，以"平台产品与服务、智能制造、工业大数据、网络与信息安全"四大产业板块为核心业务，支撑产业治理能力与企业数字化、智能化、网络化、云化转型升级，服务国家航天强国、制造强国、网络强国战略。航天云网公司是工业和信息化部2019年遴选出的十家跨行业跨领域工业互联网平台中的唯一一家中央企业，已建成运营了遍布全国的21个省市区域级平台及12个行业平台，五年来累计实现业务销售收入90亿元。

第一节　企业基本情况

航天云网公司建设了以支持"三全（全系统、全生命周期、全产业链）、三跨（跨行业、跨领域、跨区域）、三类制造（智能制造、协同制造、云制造）"为特色的工业互联网平台系统（INDICS+CMSS）；形成了面向区域云、行业云、园区云、企业云，可剪裁、可私有化部署的系列化、体系化平台产品谱系。牵头建设和运营了中央企业工业互联网融通平台，布局了国内七个区域、九个城市的云制造产业集群生态，成为布局最全面、覆盖较完整的工业互联网平台体系。

第二节　平台总体情况

基于航天复杂大系统工程理论，INDICS 平台以"云制造"为特色，依托拥有的工业基础和制造基因，以及航天科工技术服务能力体系，发挥"1（航天云网）+10（航天科工内部智能制造优势单位）+N（社会生态企业）"实施服务能力及中德智能制造战略合作能力，重点围绕企业上云、智能产线、智能车间、智能工厂等 12 个重点行业，打造了 2000 余个智能制造成功案例，形成 84 个设备级、车间/产线级、企业级和产业级解决方案。

目前，INDICS 平台接入设备数超过百万台，涵盖航空航天、电子、机械、汽车、石化化工、电力热力和燃气、轻工、建材、医药等行业；支持各类工业协议超过 100 种，且在工业协议支持方面，具有标准开放、应用广泛、可扩展定制、安全可靠等特点；平台通过对工业引擎、工业大数据、模型与算法等核心组件进行封装，以及对各类应用系统对外业务功能组件分解，面向开发者提供微服务组件服务能力，已开放 3700 个上行/下行微服务组件，上行支持各类应用的定制化开发与集成、安全构建与部署，下行支撑海量设备接入、数据采集和运行监控。

第三节　典型行业解决方案

一、区域云解决方案

1. 痛点问题

多数经济区域存在行业信息化水平低、产业价值链整合与业务协作水平低、区域经济发展情况数据监测滞后等问题。同时缺少公共、开放的产业链整合与协作平台，缺少实时数据支撑决策等现状制约了我国经济区域高质量发展，无法满足产业链协作、企业信息化服务等需求。

2. 解决方案内容

如图 4-1 所示，区域云解决方案主要针对区域公司、地区产业、政府的工业云建设需求，依托 INDICS 平台，提供公共服务板块、行业及特色专区的建设服务，包括资源层、平台层、功能应用层和门户层可配置套件。主要功能板块包括制造能力云端协同、工业软件云端应用、工业资源在线共享、工业品供需对接、工业设备接入、行业或特色产业资源汇聚、辅助政府服务及线下服务,帮助政府培育区域级工业互联网平台,实现企业批量、快速上云,推动产品服务规模化效应。

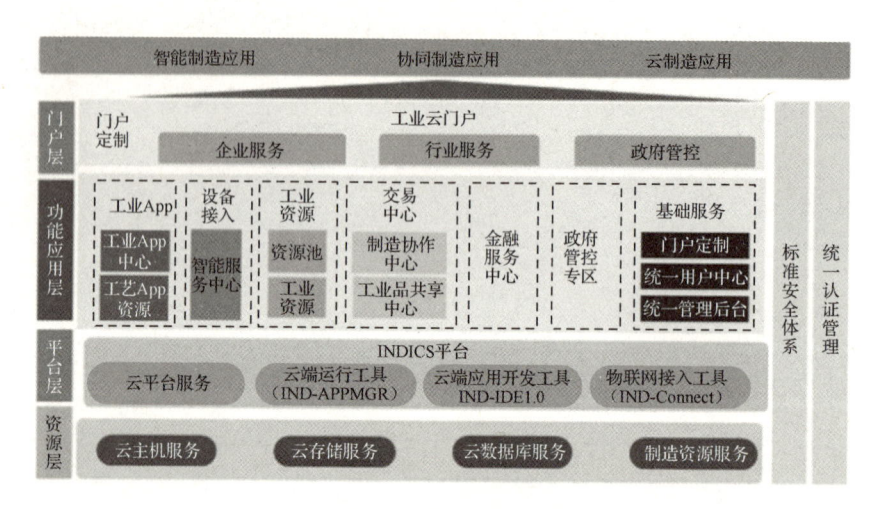

图 4-1 区域云解决方案

3. 应用成效

航天云网区域云解决方案面向地区工业企业和重点产业聚集区,在航天云网平台基础上延伸扩展本地特色功能,为区域内企业和政府提供服务,支撑该区域内企业转型和产业升级。区域云解决方案已在贵州、四川、江西、安徽、哈尔滨、常州、兰州等省市级区域落地应用,建成贵州工业云、龙哈工业云等省市级区域工业互联网主平台 21 个,为当地区域众多工业企业和政府提供服务。

以贵州工业云为例,平台企业用户达 38722 家,仅云制造资源池模块就提供了近 260 个云应用,基于工业云服务,实现重点行业数字化研发设计工具普及率达 40.5%,传统企业电商覆盖率达 35.3%。在区域服务方面,平台已实现了全省工业经济运行的监测,展现全省和各市州重点产业发展、固定投资、园区建设、省管重点企业等有关数据。

以常州工业云为例,常州工业云是立足天宁区,服务常州市,辐射江苏省及整个长三角地区的跨区域、跨行业性的平台。常州工业云为常

州政府组织、工信委、产业联盟等机构提供工业经济运行分析、产业地图等各类服务，为企业提供设备、产线和能力上云服务。截至 2020 年，常州能力上云企业 3868 家，连接设备 21917 台。

4. 推广价值

区域云解决方案可以向不同地区经济区域广泛推广。

二、行业云解决方案

1. 痛点问题

我国以模具、家具、汽车为代表的离散制造业涉及多学科知识配合、多种技术协作，行业发展面临的痛点问题有：

制造产业链资源整合不够完善，协同效率有待提升；产业定制化业务发展缓慢，协同设计和协同生产程度低；自主研发和创新能力薄弱；行业整体信息化水平偏低，生产效率不高，交货周期长；行业专业人才缺口大，人才培养需求旺盛等。

2. 解决方案内容

基于 INDICS 平台构建行业云平台，形成以企业为中心，上游客户、供应商、金融服务机构等角色共同组成的产业链协同发展生态圈，提供协同智造、供需对接、工业软件、设备接入、行业资源、产学研等服务，大幅提高产业链协同工作效率、降低企业经营成本。

3. 应用成效

该解决方案的应用可以快速构建特定行业的协同生态，实现了社会化资源聚集与共享，截至 2020 年已经建设和运营的行业云平台共 11 个，包括有横沥模具产业云平台、江西家具行业云平台、汽车产业生态云平台、贵州民爆大数据智能监控平台等。

在广东横沥建设与运行了横沥模具行业平台，促进了产业链企业间的横向集成和设计、生产等多业务环节协同，实现产品从研发设计到生产交付的周期缩短 10%～30%，供应链管理效率提升 10%～20%，供应链服务能力提升 8%～18%，通过工业软件的云端应用和共享，支撑企业信息化水平提升的同时降低其建设和使用成本。

在江西，为推动南康家具产业集群的转型升级，改进产业现有的管理模式，推进产业模式创新，增强产业聚集效应，提升品牌竞争力和知

名度，航天云网为南康区家具企业量身打造了以"互联网+家具产业"为发展方向，立足南康、覆盖全国、辐射全球的家具行业公共服务云平台-康居网，如图 4-2 所示。

| 我要定制 | 选方案 | 预约单 | 订单跟踪 |

图 4-2　南康家具云定制化方案

在贵州建立民爆行业云，践行"工业互联网+安全生产"，提升企业安全风险自辨自控、隐患自查自治能力，形成监管有效、责任落实的工作格局；提升行业安全生产整体预控能力，夯实遏制重特大事故的坚强基础，确保行业安全形势稳定。目前已有 85 家企业利用民爆行业云开展安全生产监管，如图 4-3 所示。

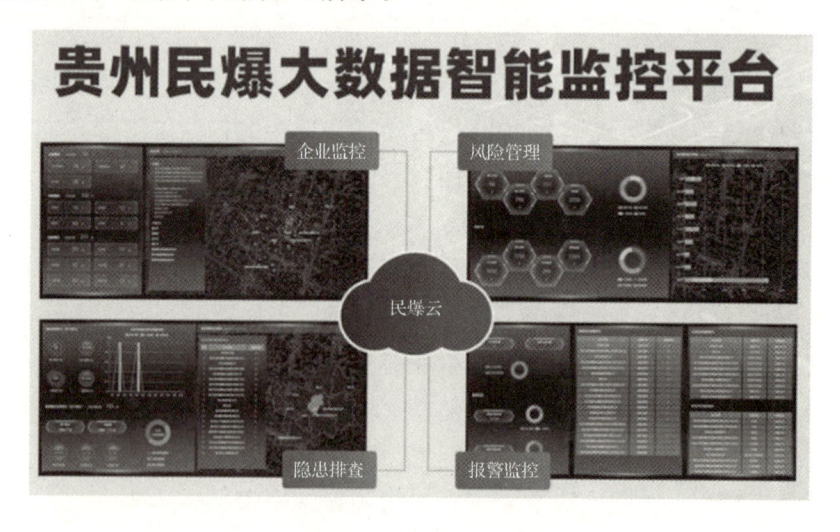

图 4-3　民爆行业云

4. 推广价值

可广泛推广到钢铁、能源、化工、煤炭、环保等集科技研发、成果转化、产品生产、技术应用、行业配套、企业加速等服务为一体的产业集群。

三、远程运维解决方案

1. 痛点问题

在节能减排领域，电力、热力和燃气等行业热处理工厂在设备远程运维中存在以下问题：工厂产线重要设备的临时性或突发性故障问题，无法立即进行故障排查，导致制造车间停产等待，消耗企业大量人力物力；工厂产线设备种类多，设备运行、维修等信息缺少统一管理，导致设备运维时效性差；传统的设备点检工作量大，在人工对设备巡检项目进行逐一记录及核对后，还需在信息系统进行条目化录入，设备点检工作效率低下；在对存在监控盲区、且处在高危环境中的设备进行维修时，存在重大安全隐患。

2. 解决方案内容

依托 INDICS 工业互联网平台，针对高温密闭热处理设备的远程运维，实现热处理工厂设备接入，通过平台大数据建模和分析，支撑设备运维专家诊断系统建设，实现设备运维环境可视化、设备质量问题可追溯，提升企业远程运维时效性，有效降低设备运维成本，如图 4-4 所示。

基于 INDICS 平台，通过搭建 5G 虚拟专网，实现工厂内海量的生产设备及关键部件，提升生产数据采集的实时性与 AI 感知能力，为生产流程优化、能耗管理提供数据、网络支撑。

基于 INDICS 平台虚拟工厂建模工具，通过导入工厂设备数字模型，基于 5G 的 Cloud VR 技术通过结合眼球跟踪渲染、GPU 定点渲染、LED 高 PPD 屏幕技术，技术人员通过佩戴无线的 VR 设备就可清晰地对工厂环境、设备运行状态进行可视化监控，实现工厂设备生产工艺流程等数据进行 3D 模型可视化。同时，结合大数据分析算法，高效识别异常数据，建立远程运维专家系统，对采集得到的设备互联数据进行分析、计算和模拟操作，实现设备运维智能化和工艺控制精准化，提高设备运行效率和产品合格率。

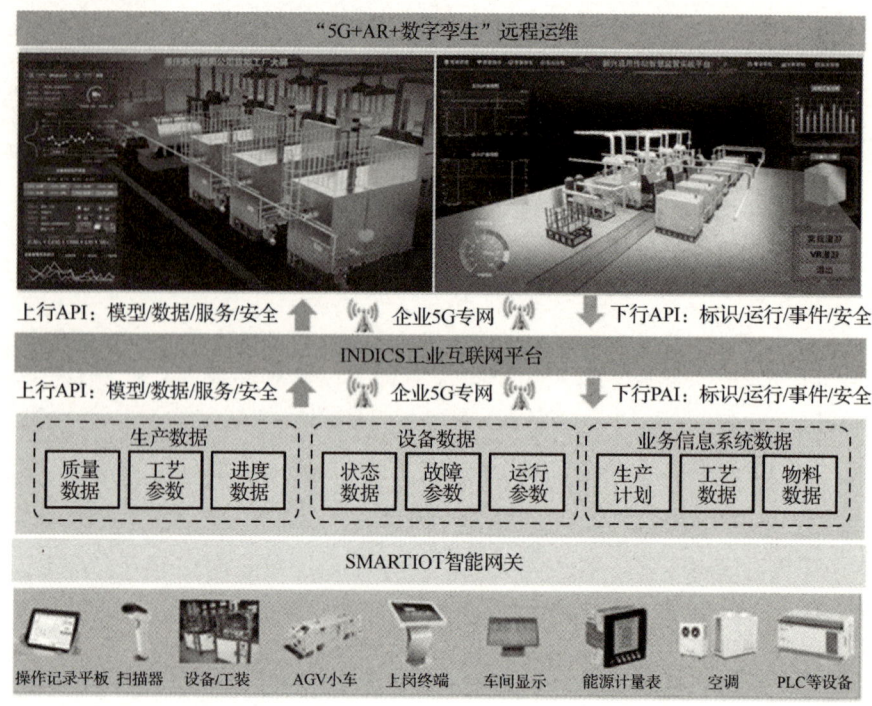

图 4-4 基于 "5G+VR+数字孪生" 的热处理工厂远程运维解决方案

与平台关联性：
- IoT 层，利用智能网关和平台物接入工具，实现高温密闭热处理设备接入；
- IaaS 层，部署于航天云网 INDICS 公有云平台，或者将 INDICS 平台部署在企业专有云环境；
- PaaS 层，使用平台大数据建模和分析工具，实现专家诊断等模型构建，使用平台虚拟工厂建模工具，实现基于数字孪生的设备远程运维；
- SaaS 层，使用 INDICS 平台提供的虚拟工厂 App、热处理工厂远程运维 App。

3. 应用成效

当前，基于 INDICS 工业互联网平台的 "5G+VR+数字孪生" 的热处理工厂远程运维解决方案已经在重庆新兴通用公司的热处理智能车间进行了应用，实现了作业人员远程、实时地对设备进行点检及维护，

有效地缩短了人员作业时间，提高了设备运维效率 25%；通过对工艺数据可视化展现及对产品质量实时分析预测报警，让作业人员能精准地控制热处理过程的工艺，产品合格率提升了 5%；实时监控、远程异常处理，极大减少了安全隐患，安全事故发生率降低了 95%。

4. 推广价值

基于"5G+VR+数字孪生"的热处理工厂远程运维解决方案在电力、热力和燃气行业等行业等领域具有极大的推广价值。未来预计向燃气、热力行业各制造企业进行广泛推广，聚焦重点产业，实施"5G+VR+数字孪生"新模式应用，打造具有竞争力的产业集群，形成基于 INCICS 平台的行业级"5G+VR+数字孪生"应用生态。

第四节 下一步发展计划

在技术上，围绕 5G、IPv6、人工智能、区块链、标识解析、边缘计算、数字孪生、AR/VR、新一代跨平台架构等前沿技术领域，进一步加强关键技术融合，夯实工业互联网平台核心能力。

在产品上，持续推进区域云、行业云、园区云、企业云等系列产品的优化迭代，不断拓展平台功能服务；重点深化工业互联网平台在不同行业和领域的应用场景和标杆示范。通过线上线下相结合的方式，拓展平台+服务、数据+应用、工业互联网+供应链金融等商业模式，持续提升平台盈利能力。

在能力上，基于航天云网牵头和参与的一系列领域标准，进一步研制跨平台融通接口、数据开放共享、工业 App 开发等标准规范，加快推进国际标准编制，抢占工业互联网国际制高点。

第五章

东方国信：Cloudiip

为抢抓全球工业互联网产融结合窗口期和技术发展关键期，东方国信依托自身丰富的制造业经验和大数据处理能力，通过自主研发、并购重组、生态构建和产融合作，在内生大数据技术体系发展和外部制造业应用需求双重驱动下，提出"云+大数据"建设模式，构建集物联网、云计算、大数据、AI 等技术于一体的平台核心技术基础，打造了自主可控的工业互联网平台 Cloudiip。

第一节 企业基本情况

东方国信 Cloudiip 工业互联网平台已横跨 29 个工业大类（占整个工业行业大类 70%以上），覆盖行业年产值超万亿元，面向精益研发、智能生产、高效管理、精准服务等领域，接入炼铁高炉、工业锅炉、风电设备、数控机床、工程机械、大中型电机、大中型空压机、热力设备等 20 大类 77 余万台设备，沉淀 1500 多工业模型和 2000 多个工业 App，累计服务全球 50 余个国家的工业企业，如中钢集团、中国中车、中国石化、国家电网、中航工业、联合利华等，初步建成了资源富集、开放共享、创新活跃、高效协同的工业互联网平台生态。每年帮助企业创效上百亿元、减排上千万吨，带动重点行业设备利用率提升 10%以上、设备能耗降低 3%以上，产品维护和服务成本降低 50%以上，为企业带来了巨大的经济效益和社会效益。

第二节　平台总体情况

东方国信工业互联网平台 Cloudiip 是以"大数据+工业"的创新模式，并融合云计算、移动互联、物联网、大数据、人工智能等相关技术而形成的开放式的云化工业操作系统。Cloudiip 整体架构分为边缘层、IaaS 层、工业 PaaS 层、工业 SaaS 层共 4 层的体系架构，如图 5-1 所示。

边缘层是基础，提供支持 116 种相关协议数据采集能力，并通过智能网关或工控机实现边缘端的配置、数据、模型与云端的互联互通。

IaaS 层是支撑，工业互联网平台采用国信自研的数据中心操作系统 BDOS，对自建的 IT 基础设施、第三方基础设施如阿里云、腾讯云等实现了混合集成管理，屏蔽了底层 IaaS 资源的差异性，降低上层 PaaS 和 SaaS 使用资源的复杂度。

工业 PaaS 层是核心，按照平台架构职责分为两大子平台：PaaS-D 工业大数据平台和 PaaS-P 工业应用开发平台。

工业 PaaS-D 工业大数据平台是以自研的行云数据库 CirroData 和数据治理平台 BDG 为底层数据服务环境，整合关系型数据库、时序数据库、文本数据库等多款产品，提供工业大数据存储、管理、计算、分析和服务能力。

PaaS-P 工业应用开发平台，提供支持传统工业软件快速云化的自研软件（动态模型引擎、流程引擎、动态表单工具、开发平台与 IDE 插件等）和支持构建新型工业 App 的自研工具（微服务治理平台、工业建模工具、数据挖掘工具、二三维组态软件等），同时大量融合了工业领域常用的流程工具、仿真工具和行业知识和机理基础工具。

BDOS 数据中心操作系统对两大 PaaS 平台进行基础资源混合和弹性供给，通过企业云计算基础资源交付系统（BDD）、企业云应用部署和运行平台（BCM）、企业云计算软件链路监控分析平台（Blogic）和企业云计算软件控制台（BConsole）四大组件，实现了计算软件、硬件资源的统一管理平台，实现对计算软硬件资源的高效利用，重点提供弹性计算软件平台服务能力；提供对高并发、突发流量大等业务的快速响应支撑能力；提供调测、部署、运行操作的全栈管控平台，实现应用程序敏捷开发，快速部署。

图5-1 Cloudiip平台技术架构

第五章　东方国信：Cloudiip

利用平台工业 PaaS 层提供的存储资源、工具资源，完成了工业技术软件化涉及的工业技术数字化和数据加工、基于微服务架构的建模和封装、工业 App 场景应用等各个关键环节，形成了工业 App 开发的标准流程，实现了 OT 与 IT 技术的融合。具体包含：

通过工业数据、知识经验、行业标准、典型案例等海量的工业技术基础资源汇聚，实现了工业技术的显性化；利用工业互联网平台大数据技术对工业 App 基础资源进行分析挖掘，形成可沉淀的知识与可提炼模型的数据资源，完成了工业技术的数字化；基于平台微服务架构，完成规律性工业技术的机理建模，关联性工业技术的大数据人工智能建模，管理型工业技术的流程建模，实现工业技术的模型化；利用平台提供的模型调用、模型集成、模型部署、可视化开发、App 测试、App 发布等工业 App 开发工具，实现工业技术可视化、产品化、系统化；针对关键的应用场景，实现工业技术智能迭代升级，完成了工业技术的智能化。

工业 SaaS 层是关键，提供云化工业软件和新型工业 App，围绕设备管理优化、研发设计优化、运营管理优化、生产执行优化、产品全生命周期管理优化、供应链协同优化等工业应用场景，构建了多个跨行业跨领域云平台。

东方国信以解决客户实际需求和痛点为导向，不断迭代完善平台产品，多年来已形成以订阅业务、平台建设、专业服务为核心，多种新模式持续探索的综合商业模式，实现工业互联网业务稳定盈利。

在订阅业务方面，形成以"杀手"应用为核心，覆盖工业全业务场景 App、微服务的应用生态体系，逐渐成为平台商业模式的核心；在专业服务方面，依托平台专业应用能力及大数据分析处理能力，结合客户需求场景，以项目制的方式进行定制化解决方案开发与现场部署，是平台盈利的主要手段；在平台建设方面，基于 Cloudiip 平台能力，赋能政府和大型集团搭建公共服务平台，推动全产业链的一体化协同与融合创新，是平台稳定盈利的保障。

此外，东方国信积极探索新型商业模式，与高校在工业互联网教育领域开展合作，提供仿真平台及实训教材等教育服务；发布边缘一体机设备，配合内置机理模型和工业 App，拓展云边端一体化的商业模式。

第三节　典型行业解决方案

本方案面向工业领域通用设备空压机，在国内矿山、冶金、电力、电子、机械制造、医药、食品、纺织轻工以及石油化工等行业广泛使用，具有跨行业跨领域广、覆盖企业数量大等特点，国内市场存量设备超过200万台，每年消耗占全国工业用电量10%，节能改造潜力巨大，极具市场拓展空间。空压机云平台依托云计算、大数据、物联网等信息技术，基于"互联网+制造业"的创新理念，通过建立实时、系统、全面的工业设备数据采集体系，实现工业设备状态监测、预警、性能优化和节能降耗，打造面向设备管理优化、运营管理优化、供应链协同优化的行业及领域平台。

一、空压机云解决方案

1. 简介

平台结合多年对于空压机机理、故障分析及节能研究的成果，提炼出15个典型模型和42个App，现覆盖用户共1800余家工业企业，合计实现9460空压机上云，近三年为公司带来2372万元的营业收入，预计未来三年共计推广5000家企业，至少10000台空压机上云，实现5500万元的营业收入，为工业企业带来2亿元的经济价值。

2. 行业痛点

1）空压机设备管理难

空压机作为高耗能、高价值、高通用性设备具有充分的管理必要性，而不同企业的空压机设备管理水平高低差距很大，企业往往依靠经验维护保养空压机，造成保养不到位或过度保养的问题。总体而言，行业内设备管理处于经验管理、无据可依的状态。

2）空压机节能优化难

目前部分企业空压机的能耗监测仍停留在人工抽样检测的阶段，往往以偏概全、缺乏实时性。对于设备和系统的节能改造，仅仅依靠"人"的经验，难以专业分析设备能耗水平和有效实施节能措施，甚至导致无效改造和负面改造。

3）空压机远程运维难

空压机设备大多分散分布、运行数据缺乏统一管理，造成服务人工成本极高、现场服务效率低下、故障维护周期长等运维现状。同时空压机品牌众多，产品设计和技术标准差异巨大，造成即使专业的工程师仍有难以解决的问题。

4）空压机服务生态难

空压机服务牵扯设备制造商、设备维护商、设备使用企业等，缺乏一体化协同服务管理体系，无法形成设备从"制造—使用—运维—设计"闭环服务过程，各方难以形成共赢局面。

3. 解决方案实现

空压机云平台技术落线主要依托东方国信 Cloudiip 工业互联网平台技术架构体系，融合 IT&OT 技术形成了边缘层、IaaS 层、工业 PaaS 层以及工业 SaaS 层共四层的体系架构，直击设备管控、节能优化、服务生态等痛点，融合物联网和互联网两张网，实现设备、工业企业、服务商、行业的全链条资源优化配置和数据智能流动，形成涵盖多行业多领域的工业互联网平台生态新体系。

空压机云平台依托设备海量数据的接入、存储、分析，基于行业及领域核心痛点场景深度剖析，将工业领域积累的专业技术与知识经验模型化、组件化、微服务化，最终形成面向特定行业特定场景服务的工业App。

1）连接设备

空压机云平台自主研发空压机数据采集设备"空压机卫士"，内置数据协议转换模块和网络通信模块，支持阿特拉斯科普柯、英格索兰、康普艾、复盛等市场上 90% 以上的主流品牌空压机工业通信协议和数据标准，实现设备的无缝、快速上云。目前平台已经接入 9460 台空压机，已在内蒙古、广东、山东等地建立试点示范基地，大力推进空压机设备上云工作。

通过"空压机卫士"智能网关和云平台配合完成数据的采集、分析、解析及智能计算，设备数据采集点总数将近 10 万点。智能网关负责数据采集接口的物理接入、数据采集、协议解析和转换、边缘计算，计算的驱动和调用，测点数据的本地存储，安全管理、系统管理和云端的通

信。结合新部署传感器和现场原有的可监测设备参数，目前平台可监测设备、工艺、状态、设定4类设备运行参数数据。

2）模型应用

空压机云平台提炼形成了15个模型应用，涵盖数据算法模型、工业机理模型、业务流程模型3类工业模型。

3）工业App

空压机云平台沉淀形成了42个空压机App应用，涵盖研发设计、采购供应、产品服务、生产制造、运营管理五大类。

4）应用场景

（1）设备运维管控提升场景。

聚焦设备管理痛点问题，沉淀领域算法模型及App应用，提升设备运维能力，建立全生命周期的设备运维管理体系，囊括设备负荷监测、设备保养统计等，通过对设备基本情况的把握，及时准确地获得有效信息，为设备运维决策提供有效辅助。具体如下：

① 空压机负荷监测。实现对空压机设备运行的负荷相关联参数（压力、温度等）进行实时监测管理，获取异常状态统计。根据异常信息对设备展开保养、维修等维护操作，保证空压机设备正常运转。

应用效果：部分企业空压机的能耗监测仍停留在人工抽样检测的阶段，该场景实现了设备监测实时性，解决了空压机能源管理监测难、远程运维效率低的问题。

② 空压机报警监测跟踪。基于空压机现场设备参数的实时采集，平台进行空压机实时预警。阈值预警设定设备参数的预警标准阈值，当采集参数超出标准阈值时，平台实时预警。算法模型预警是构建故障预警模型，基于算法模型计算，通过数据关联分析、设备综合判断提前预警。

应用效果：及时预警提示，直击设备运行问题，提升问题处理效率，延长设备运行周期，降低生产停工待料时间。

③ 空压机保养统计分析。提供空压机维护保养记录的实时统计分析，直接体现空压机设备保养任务全局概况，同时反映空压机设备维护保养频次状况。

应用效果：提升保养任务的规划及预安排准确性，降低服务人工成本，

提高服务效率，缩短故障维护周期，极大提高了空压机的远程运维效率。

（2）设备节能优化场景。

专注设备节能优化痛点问题，积累行业算法模型，提高设备节能水平，通过对采集生产过程中的各类能耗以及影响能耗指标的关键性数据分析，建立节能诊断、通用热能回收等算法模型，为降低设备能源消耗，制定节能措施和方案提供数据支撑，辅助解决设备高能耗浪费问题。具体如下：

① 节能诊断分析。通过对空压机的历史运行数据，不断累积，推演出空压机的能效状况，并根据其能效状况分别给出对应的节能改造建议方案，高效筛选出节能潜力最大的系统，并通过智能专家系统"决策"最专业的改造方案。

应用效果：提供客观有效的评估节能建议，提升系统改造的准确性。

② 通用热能回收分析。空压机云平台提供的服务能够把压缩机工作工程中浪费的"热能"变废为宝，帮助用户将"热能"回收利用，从而大大节约能耗。算法模型通过能源种类、加热方式、能源价格、运行时间等参数导入，可以实现空压机可回收热能与用户热水需求量之间的匹配计算。

应用效果：提升能源使用效率，提供经济收益预测分析数据，提高"热能"回收利用能力。

③ 储气罐选型分析。储气罐是空压机的储气缓冲区，其容积对空压机的性能与能耗影响很大。同时其大小是由压缩机的产气量、管网调节系统大小和空气流量需求的工艺情况共同决定的。使用平台提供储气罐选型算法模型，通过总吸气流量、本地大气压、最大进气温度、压缩空气温度等参数综合得出选型结果。

应用效果：为空压机储气罐的选型提供数据有力支撑，减少空压机卸载时间，节约大量能源。

④ 空压机能效监测。基于空压机设备的运行监测、服务记录等信息，生成综合性的设备综合报告，按周预览设备整体运行情况。

应用效果：计算设备能效运行状况数据，并根据能效状况提供节能改造建议方案。

（3）后服务市场维护场景。

围绕行业生态构建难痛点问题，提炼工单管理服务，提升生态服务能力，面向设备制造商、设备维护商、设备使用企业，建立后服务市场维护管理体系，以电子工单全面取代手工工单，形成一站式服务模式，提升市场信息反馈效率。具体如下：

① 智能工单服务。用于空压机服务的协同协作，支持标准化业务模型输出，面向工业企业、设备服务商提供设备工单管理模型，完成工单指派、工单执行、客户确认、工单验收、形成工单验收报告的一站式服务模式。

应用效果：提升服务商服务质量，促进服务商收益提升，促进业务透明度，提高设备使用企业满意度。

② 工况数据服务。通过数据采集与大数据分析，横向和纵向分析对比设备关键运行参数满足设备运行需求的能力，了解设备在市场上的预期偏差，比较与同行之间的差异，细化不同系列产品的差异，了解不同行业设备使用情况和条件，决定是否需要根据不同行业情况调整产品设计条件或为行业定制不同设备。

应用效果：指导制造商改进和优化设计，通过"持续改进"和设计创新推动设备技术升级，提升设备制造水平和质量，提升服务效率。

4. 应用效益

空压机云平台实现覆盖用户 1800 余家工业企业，合计实现 9460 台空压机上云。通过空压机上云可从两方面获得经济效益：平台运维费用按空压机上云机型、数量、时长收费；平台除为制造企业服务外，规模效应也可带来产业链的增值服务（为空压机服务商和设备制造商提供基于数据指导支持的服务和设备融资租赁电商平台，收取平台服务费等）。近三年为东方国信创造 2372 万元营收。

目前，依托空压机云平台模型与 App 深化应用，实现了设备完好率 4% 提升；设备预防性维护，降低维护成本 3%～5%；提升服务商服务效率 15% 以上；平均能耗降低 5%～10%。

5. 可推广性

（1）国内市场存量设备超过 200 万台，市场拓展空间大。未来三年，拟在全国覆盖 5000 家工业企业，推广将为东方国信带来的营业收入约

5500 万元。具体包括：

① 平台后期运维费（1000 元/台·年），约 4200 万元。

② 平台规模效应可带来产业链的增值服务（为空压机服务商和设备制造商提供基于数据指导支持的服务和设备融资租赁电商平台，收取平台服务费等），约 1300 万元。

（2）通过空压机云平台对于空压机的管理，未来推广应用可实现为工业企业产生收益约 2 亿元。具体包括：

① 通过空压机运行监测和预警提升设备完好率近 4%，减少企业设备故障造成的生产损失，未来三年约节省 3000 万元。

② 通过平台，基于设备运行数据来科学计划维护，避免过度保养，降低设备保养成本，未来三年约节省 4000 万元。

③ 面向空压机服务商，提升服务效率，减少无效现场服务，基于平台远程数据服务，提升故障处理的有效性，减少服务人员空跑，每年为服务商节省人工费 20%，未来三年约节省 1000 万元。

④ 通过能耗监控以及节能改善，降低了空压机的能量消耗。经过以上改善，实现空压机组平均能耗降低 5%～10%，预计产生 400 个节能项目，节约费用在 1.2 亿元左右。

第四节 下一步发展计划

以做国内工业互联网头部企业为目标，对标国际一流工业互联网平台，统筹推进技术创新、模式创新、生态创新等各项工作，持续推动平台从特色优势向综合优势转化，为中国工业互联网发展做出东方国信应有的贡献。

一是公有云建设。通过技术升级、应用开发、商业模式拓展等措施，建设工业锅炉、纺织、能源管理、智慧供热运营等五大公有云，持续建设和完善 Cloudiip 平台。

二是私有云建设。以大型企业应用平台搭建为主，聚焦钢铁、电力、化工等行业，采用整合优先、需求引领的策略，为各类企业提供服务。

三是应用级项目建设。以可复制的应用产品项目为核心，努力在流程行业生产工艺优化、基于视觉技术的智能安防、基于 HAZOP（危险

与可操作性）定量安全风险管控等方面实现突破。

四是创新发展工程项目建设。即注重项目高质量交付，更关注项目拓展实践，以此实现国家项目对未来工业互联网平台研发支撑的关键作用，推动大数据治理与使能、低代码开发与微服务、工业大数据建模与挖掘分析、平台 App 云化服务等关键技术的研发。

第六章

徐工：汉云

江苏徐工信息技术股份有限公司（以下简称"徐工信息"）是徐工集团孵化的专业互联网公司，成立于 2014 年 7 月 1 日。汉云工业互联网平台（以下简称"汉云平台"）是徐工信息打造的具有自主知识产权的工业互联网平台，也是 2018 年国家工业互联网创新发展工程首批支持平台、2019 年国家级跨行业跨领域工业互联网十大平台之一。

第一节　企业基本情况

2019 年年底，汉云平台完成 A 轮 3 亿元融资，由高瓴资本领投，赛富、中电、中新融创等国内一线资本跟投，公司估值 5 年增长 100 倍。2020 年，徐工信息汉云获评全球工业智能领域奥斯卡"湛卢奖"工业互联网创新奖，获评工信部、赛迪联合颁发的 2020 工业互联网新基建先锋榜 TOP3，在 Forrester《中国工业物联网软件平台测评报告》中，汉云平台市场表现位列第二。

徐工信息以汉云平台为依托，持续为工业企业提供工业互联网、智能制造整体解决方案相关的咨询、设计、开发、生产、实施、运维等专业性产品及服务，应用范围涵盖装备制造、建筑施工、有色金属、工程机械、新能源、纺织机械、物流运输、智慧城市、核心零部件、教育等专业领域。

第二节　平台总体情况

一、平台建设情况

（一）平台定位

汉云平台沉淀了大量的工业知识，旨在以应用场景为驱动，为企业提供全流程、全价值链服务；以数据洞察为支撑，为企业运营管理提供决策支持；以汉云平台领先技术为引擎，助力企业数字化、智能化转型。

（二）平台能力

徐工信息拥有一批高精尖技术人才，覆盖工业专家、数据专家、平台构建专家、互联网技术专家等，持续研究边缘计算、人工智能、区块链、标识解析等新技术与汉云平台的融合应用，通过新技术应用解决设备连接、数据分析、工业知识图谱构建与复用，以及平台解决方案落地实施能力。

如图6-1所示，从云计算的层次角度上，汉云工业互联网平台整体上涉及IaaS层和PaaS层。

其中，IaaS层是将计算资源、存储资源、通信资源转为池化能力，提供虚拟的服务节点，为各类软件的运行提供支撑，并提供服务节点扩容或者缩容能力。PaaS层针对工业场景进行设计，包括统一门户、使能平台、运维管理等多个子系统。上层应用可基于汉云平台进行快速开发、快速部署，以及基于平台进行数据流通。

从数据处理的角度上，汉云平台包括数据中台和业务中台两部分，为用户提供工业应用的开发、部署、运行环境。数据中台基于大数据技术构建，主要提供数据的分析处理能力、数据建模能力、数据服务能力和对数据资产进行管理；业务中台基于工业场景结合DevOps技术构建，以微服务为核心为用户提供工业应用的开发和运行框架，主要提供流程构建、业务融合等能力。

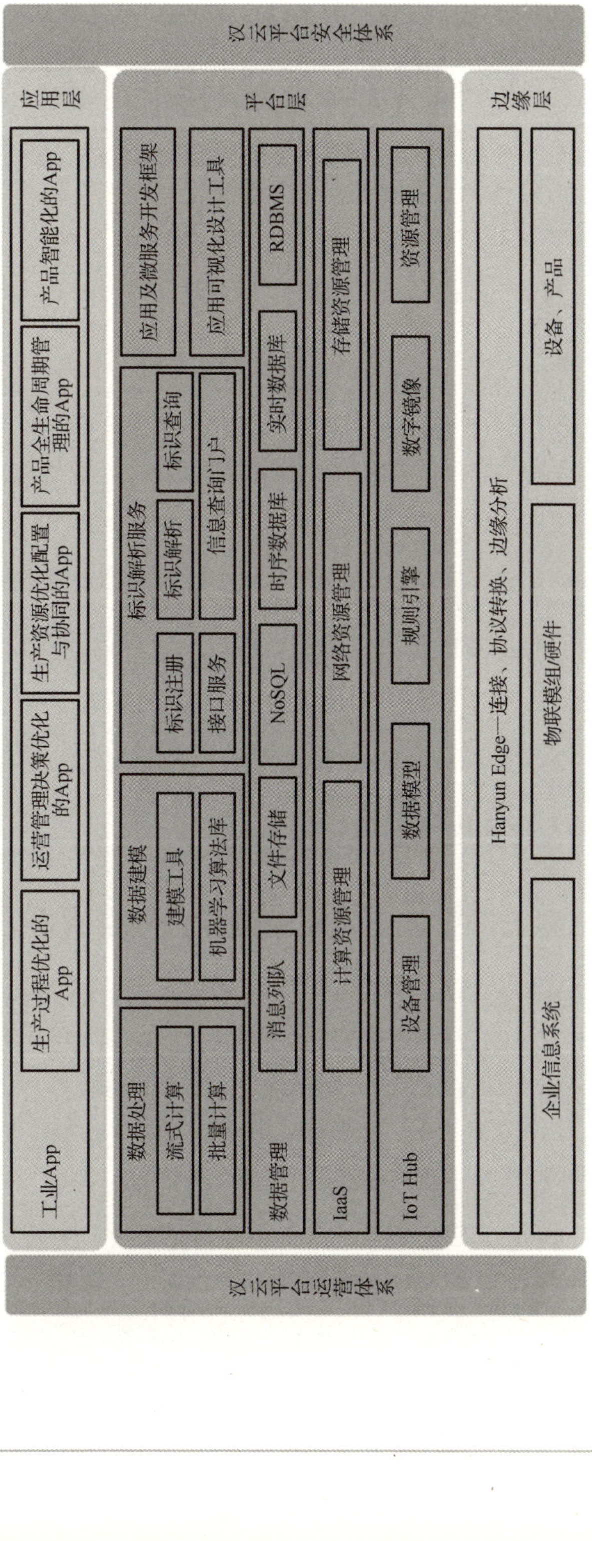

第六章　徐工：汉云

图6-1　汉云工业互联网平台架构

汉云平台将各类设备数据采集到连接层自主研发的工业网关、车载终端等智能终端，再将数据汇聚于广泛适配多种数据制式、兼容主流96%以上工业协议的汉云平台，最终提供工业App应用、端到端的解决方案，从生产资源配置、生产过程优化、运营管理决策、产品全生面周期管理、后市场服务等方面为客户赋能，持续激活企业生产力，重构产业的格局，切实为客户提质、降本、增效，带来价值。

二、平台推广情况

徐工信息汉云平台持续为工业企业提供工业互联网、智能制造整体解决方案相关的咨询、设计、开发、生产、实施、运维等专业性产品及服务，应用范围涵盖装备制造、建筑施工、有色金属、工程机械、新能源、纺织机械、物流运输、智慧城市、核心零部件、教育等专业领域。

汉云平台具有强大的设备连接与资产管理能力，连接设备超过83万台，管理资产超过7000亿元，涵盖装备制造、有色金属、建筑施工、工程机械、新能源、教育行业等70个行业，打造了20个行业子平台，服务用户超过2000家，覆盖"一带一路"沿线28个国家和地区。

第三节　典型行业解决方案

一、建筑施工行业设备共享交易服务平台解决方案

1. 解决方案的痛点

建筑施工行业存在如下痛点。

（1）施工设备闲置率高：内部的施工设备闲置率高，无法及时高效地利用闲置设备。同时，从企业的角度也难以全面、准确、实时掌控公司内的设备闲置情况。

（2）施工设备管理手段落后：建筑施工设备体量巨大，烦琐的纸质流程极大地降低了工作效率，限制了企业发展。

（3）施工设备价值高，线上交易没有安全感：建筑施工设备通常几十万元、上百万元一台，线上支付风险大，技术实现难度大，用户购买

一次性付款压力大。

（4）同业公司难以形成合力：建筑施工行业体量巨大，但限于企业实力、行业分工和资源调度，通常难以满足所有客户的需求，只能看在眼里却拿不到合同，难以进一步打开新的市场增长点。

（5）资金链压力大：旧设备维护、新设备购买、企业运营、合同回款、设备保险等，现金流是企业生存和发展的命脉，寻找额度大、利率低、信誉好的融资渠道对行业企业来说意义重大。

（6）成本控制难度高：施工设备、从业人员和相关物料成本高，管不住设备、人员和物资，将给企业带来持续性的巨大损失。

本方案可以为行业用户提供以下价值：

（1）源头抓起，步步管控，实时掌握设备闲置情况。将工况实时监控、合同、设备回款、维修保养、设备交接等环节与施工设备绑定起来，存在闲置嫌疑及时报警，每日推送闲置设备报告，及时、全面地把控设备利用情况。另外，闲置设备自动推送到设备共享交易服务平台进行线上交易，最大化挖掘施工设备的剩余价值。

（2）通过物联网、大数据、云计算等新技术提升设备管理水平。建筑施工行业设备体量巨大，传统的纸质流程管理效率低下。随着数字化转型和数字孪生技术的快速发展，可通过物联网技术将设备信息实时上传上来进行集中管理，实现基础的设备在线管控；再使用大数据、云计算技术对海量数据进行挖掘和分析，建立设备画像，为设备管理和企业决策提供新方向和新手段。随着5G技术突飞猛进的发展，信息延时越来越低，通过远程遥控技术可以探索新的施工方式，屏蔽人员现场施工安全风险，降低人员方面的使用成本。

（3）通过电子合同、区块链等技术保障线上交易的安全性。建筑施工设备价值高，用户最担心的就是线上付款的安全性问题。通过签署电子合同，约束买卖双方的权利和义务，建立正式的、合法的交易关系。通过区块链技术，对交易数据进行多重备份和相互印证，保障线上交易数据不被破坏和篡改。另外，线上交易可以实现分期付款，大大降低了交易门槛，帮助用户减轻资金压力。

（4）汇集行业资产信息，互相共赢。建筑施工行业的一大特点是需要大量的、各种类型的施工设备以及不同工种的从业人员，而设备共享

交易服务平台汇集了全网各个品牌、机型、零配件以及行业公司、从业人员等信息,通过信息共享,将进一步升级行业协同效率。

(5) 丰富的金融服务激活企业活力。企业最怕的就是资金链断裂,设备共享交易服务平台提供已有设备融资、新购设备融资和施工设备保险等丰富的金融服务,为企业健康、高速发展保驾护航。

(6) 严控设备、物资和人员,降本增效。使用物联网技术实时获取、解析设备工况,通过历史轨迹监控人员驾驶路线,通过燃油损耗监控偷油漏油情况,通过电子围栏管控设备出入,通过备件管理管控零备件等物资,管得全、管得细,真正实现降本增效。

2. 功能架构

方案包括新机、二手机、配件交易,设备共享、设备租赁、人力资源市场、金融服务、智能物联、设备管理等几大核心服务。底层依托汉云大数据、物联网、人工智能、5G 通信等技术,为企业接入、管控工程设备,保障资产安全;为买家购买设备提供专业、智能的搜索推荐,帮用户省钱、省心;为商家挖掘分析用户需求,建立用户画像;为生产厂商提供用户使用数据,优化产品;为建筑施工单位提供更多设备、人员选择。

3. 技术创新

一是结合大数据、云计算等技术,打造互联网模式的建筑施工行业设备共享交易平台,汇聚各类施工设备的产品信息、各类工程项目信息、从业人员信息、行业企业信息作为平台核心资源库,实现 O2O 模式设备共享交易。

二是通过区块链技术,实现建筑施工新设备、二手设备、零配件的线上担保交易、大额支付、分期付款、电子合同等,订单、交易等数据的多备份相互鉴权保障平台线上资金安全流转。

4. 模式创新

传统线下交易零散、效率低、不方便、信息不对称、价格不透明、行业协同能力差,建筑施工行业设备共享交易服务平台通过大数据、人工智能、区块链、网络爬虫等先进技术,汇集全网行业资讯,整合供应链上下游资源,提供线上担保交易、企业对公大额支付、电子合同签署、分期付款、招聘求职、设备租赁和金融保险,为行业客户提供专业的、安全的、信得过的互联网一站式在线交易服务。

5. 应用效果

建筑施工行业设备共享交易服务平台，为企业提供低价购置新机和二手设备租赁服务，提供个性化金融支持、匹配最佳操作手、提供零备件服务和设备保险等，为企业控制增量、降低存量、减少成本、提高设备使用率、激活沉淀资产；为厂商提供更多设备需求市场，处置二手设备、提供厂商融资租赁、机手配置、SaaS管理系统、物流仓储等系列服务，帮助扩大市场、增长销量、盘活二手设备；为用户提供设备租赁、买卖有效信息，帮助设备选型、提供融资服务、专家培训、智能物联、维修保养、仓储配件、物资供应以及保险等一体化的专业服务。

对于产业上下游企业来说，平台带来了新的销售渠道和流量，同时也大大提高了传统线下交易的效率，为企业开拓市场、降本增效提供了新方向。

对整个建筑施工行业来说，平台将传统零散的经销商、终端消费者、租赁公司、生产厂商和施工单位等行业参与者聚集在一起，资源共享，合作共赢，提升了整个行业的协同、运转效率。

对政府方面来说，平台汇集了全行业的信息、企业和用户并提供线上交易渠道，可以帮助政府对行业进行更全面、更细化、更高效的管理，而线上交易提高了交易效率、降低了交易难度，可以为政府带来更多的税收。

本方案在中电建的落地项目——大家机械，平台月访问量达200万左右，访客数达40万左右，入驻企业供应商和个体工商户供应商300多家，平台涵盖125个工程机械品牌，24个工程设备大类，12个配件大类。

根据2019年建筑施工行业市场数据显示，新机市场6600亿元、二手机交易4000亿元、金融6250亿元、配件维修3000亿元、保养1500亿元、租赁20000亿元，市场盘子非常庞大。从传统的线下烦琐交易升级到O2O新模式在线交易以后，大家机械平台可以大大简化建筑施工设备交易过程，预计提升交易效率50%以上，每年新增销售额1000亿元以上。线上交易节约仓储、店铺、人员和宣传成本，在每年万亿元施

工设备和零配件交易的基础上，可以节约数百亿元营销成本。中电建大家机械落地项目案例如图 6-2 所示。

大家机械首页　　　　　　　　配件详情

二手机械列表　　　　　　　　金融服务

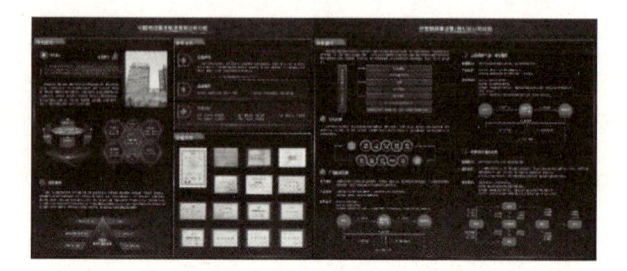

大屏—公司介绍

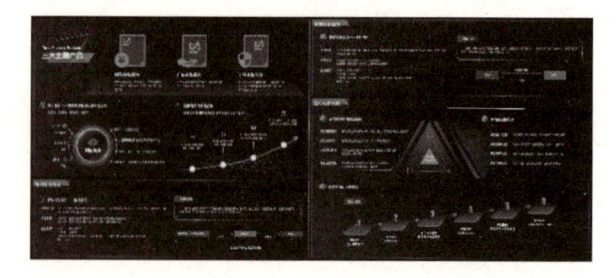

大屏—金融服务

图 6-2　中电建大家机械落地项目案例图

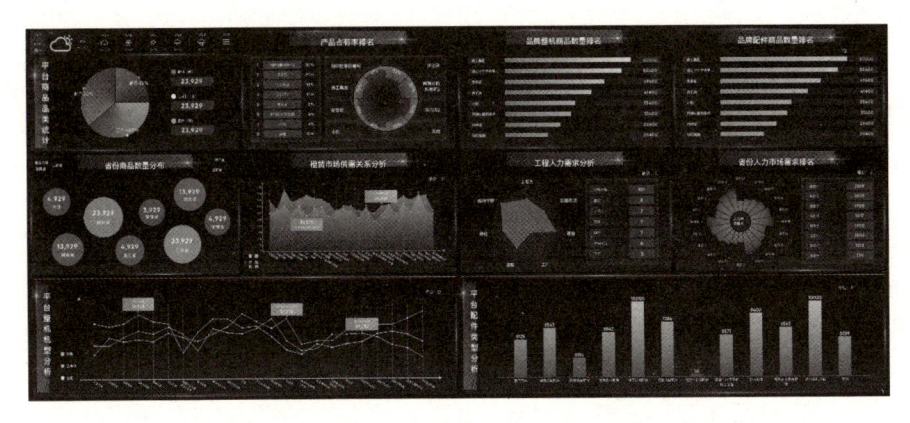

图 6-2　中电建大家机械落地项目案例图（续）

6. 行业推广

此方案包含了整机和配件的线上交易、设备租赁、人力市场、金融服务、设备管理、零备件管理等功能，可以广泛应用于建筑施工行业，目前已在中交一公局、中铁建、中电建等企业落地实施，计划本年度内实现在广联租赁等企业的落地实施。

二、有色金属产业集群解决方案

1. 解决方案的痛点

通过对有色金属行业进行深入调研，当前有色金属产业存在的主要痛点有：

（1）传统管理、效率低下、利润微薄：组织目标不清晰，职能分工不合理，管理粗放，作业方法、业务和生产流程倒流、乱流严重，作业管理、生产效率和品控能力低下；产业整体运作效率低，订单、技术、知识、资源共享较差。

（2）人员缺少、知识没有沉淀：工艺技术和管理人才缺乏、生产运营管理缺乏有效支撑；没有低成本、高效率的数字化管理手段进行全生命周期的高效率、高质量管理；传统的信息化对专业IT人才、系统运维、软硬件环境建设高度依赖，让企业望而却步。

（3）定制化、小批量生产，导致现场管理难度大；高能耗、能源利用率低，导致成本居高不下。

（4）过程管理和数据收集靠手工，数据完整性、可靠性差，采集效率低下，成本高。不能满足企业对高可靠、连续的设备参数和生产过程等各环节数据的广泛应用需求。

汉云平台聚焦有色金属应用端，以工业互联网为催化剂，利用工业互联网技术和产业技术结合，构成"CIP 中央产业大脑"，CIP 包含产业、企业、园区、专利、人才、政策、研究机构、投资等多维度产业数据，以平台模式输出产业图谱、产业数据、产业分析、评估报告、招商名单等多维产业特色服务，辅助用户追踪产业发展、优化产业发展能力、支撑产业发展决策。打通"研、产、供、销、服"制造业主要环节，协同异地产能，实现降本增效提质。促进企业产品转型、优化，加快产品结构调整。

2. 功能架构

基于汉云平台打造的有色金属产业集群数字化转型创新平台，是一个融合了管理模式和物联网技术、为有色金属企业赋能的平台。它连接了企业开源和节流的两个关键点，通过交易端与生产端的数据沉淀与分析，既为企业提供具体高质量发展的建议和打法，更为政府进行合理化产业布局、深化供给侧结构性改革提供重要依据。平台从数字营销开始，到工业互联+智能工厂，实现透明生产，沉淀和淬炼出有价值的大数据分析，通过企业与政府的高效互动，促进产业升级优化；产业进一步发展后，推进数字营销不断提升、往复循环、产业生生不息、轮动向前。项目总体架构如图 6-3 所示。

产品共分为五大核心模块。

（1）智慧工厂模块：MES 系统、精益系统、设备联网、仓储物流、供应链管理、能耗管理系统等。

（2）数字营销模块：建设展示体验中心和直播基地，B2B 供销平台。

（3）金融服务模块：联合金融机构为集群企业数字化改造提供分期融资。

（4）共享制造模块：包括共享工厂、共享产业园、区域运营平台，产能工序协作共享、关键共性设备集成与租赁、物流仓储共享。

（5）人才培养模块：建设产教融合线下实训基地，针对集群企业家开展标杆学习，针对技能型复合型人才开展"1+X"证书制度模式试点。

第六章　徐工：汉云

图6-3　项目总体架构

3. 技术创新

1）工业 App

铝材加工云 MES 平台：基于有色金属工业互联网平台，建立铝材加工云 MES 平台，实现铝型材制造过程数字化，实现从客户订单、上游供应商协同、委外管理、制造过程管理等全过程管理，打通企业内外部资源协同。

动静触头焊接机设备画像：基于工业 IOT，实现有色金属制造企业设备的互联互通，实现设备远程监测、诊断与运维服务，具体如图 6-4 所示。

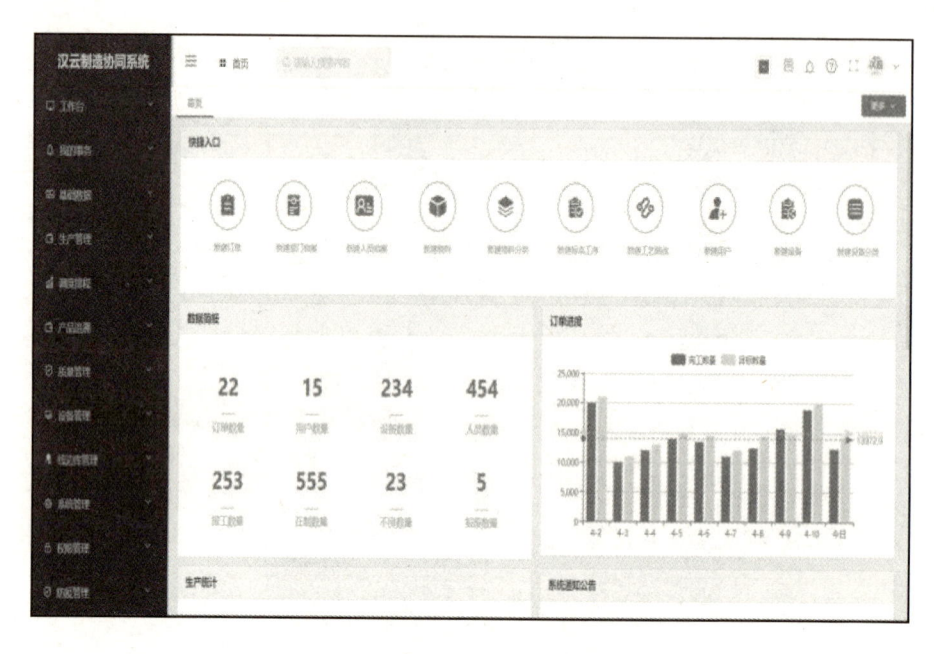

图 6-4　铝材加工云 MES 平台

2）AR 应用

将铝产业的信息、数据、机器与互联网相链接、相融合，将店铺、展厅、工厂、产品复制到线上，打造 3D 沉浸式逛铺逛展，3D 直播，AI 导购等，实现"所见即所得"，赋能新品牌、实体与消费者的超级链接。

3）共享产线平台

通过汉云设备物联平台把产业集群里的设备通过物联网的应用将数据共享给智能工厂系统，再通过智慧工厂 APS 系统生成产线共享计划并外发协同，给对应空闲设备的工厂（考虑就近原则）来对资源的合理应用，如图 6-5 所示。

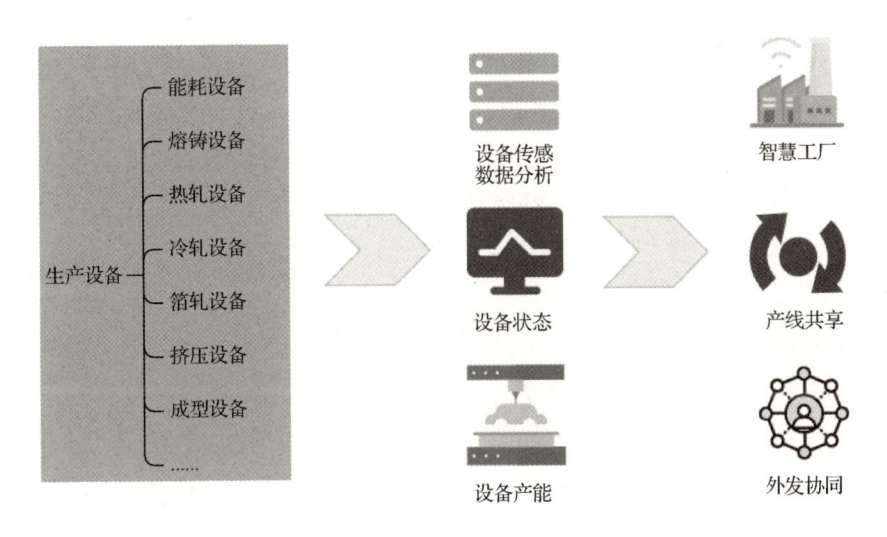

图 6-5　共享产线平台

4. 模式创新

基于汉云平台打造的有色金属产业集群数字化转型创新平台，是一个融合了管理模式和物联网技术，打通企业开源和节流的两个关键点，通过交易端与生产端的数据沉淀与分析，既为企业提供具体高质量发展的建议和打法，更为政府进行合理化产业布局、深化供给侧结构性改革提供重要依据。平台从数字营销开始，到工业互联+智能工厂，实现透明生产、沉淀和淬炼出有价值的大数据分析，通过企业与政府的高效互动，促进产业升级优化，推进数字营销不断提升、往复循环、产业生生不息、轮动向前。

5. 应用效果

佛山市南海建泰铝制品有限公司实施模块为智慧工厂模块、数字营销模块。以该企业应用为例：通过实施智慧工厂模块连接设备 200 多台，

有效减少设备故障率，降低维修成本30%；生产由周计划精确到日计划，大幅度提高生产效率，产能提高12%。通过实施数字营销模块直播带货复健器材超1000台，建设线上展厅，利用AR等方式展示产品性能，原本出口的产品转为内销，企业新增效益1200万元，有效降低因国外新冠肺炎疫情影响导致的订单滑坡。

佛山市诺普材料科技有限公司实施模块为智慧工厂模块、人才培养模块。以该企业应用为例：通过实施智慧工厂模块，生产过程全监管，计划达成率提高9%，能耗减少6%，降低成本600万元。同时平台与施耐德进行对接，客户能监管生产过程并给予一定的指导，最终实现不良品率降低10%。通过实施人才培养模块，与佛山职业技术学院建立合作关系，利用"1+X"工业互联网实训台，对车间管理人员及操作工人进行自动化、电子信息、工业互联网等技术进行培训，培训场次5次，培训人数200人。

该解决方案对产业升级及社会治理成效：通过构建针对具体产业集群的产业大数据，绘制产业地图，进行产业分析，对地方的产业集群进行监测，全面掌控产业集群发展状况。促使行业集中率提升3%，税收增长2%，小升规企业数量增加2%，专精特新企业数量增加7%。

6. 行业推广

行业推广采取龙头企业及中小微企业同时推进、各有侧重的方式。对龙头企业从提供加工制造、辅料或设备向提供整体解决方案发展，以骨干龙头企业为核心，配合以供应链金融服务和物流服务，降低产业集群的金融成本和流通成本，增强产业集群总体竞争力。

中小企业主要在广东省佛山市南海区大沥镇及狮山镇等有色金属行业聚集区进行推广，产业集群解决方案是一个体系相对庞大的综合解决方案，包含众多子系统和模块，可以根据中小微企业实际需要和具体产业状况灵活搭配，提供针对性解决方案。当前已经在南海实施的中小企业如佛山市南海建泰铝制品有限公司，主营业务为医疗康复器具；佛山市诺普材料科技有限公司，主营业务为铜银电子元器件；所属行业虽不同，但在生产过程管控、设备管理、能耗管理等需求上存在共通的地方，依靠汉云平台工业知识复用能力，形成低成本、可复制、易推广的工业App，快速整理多模态、高通量、强关联的工业数据，快速释放数

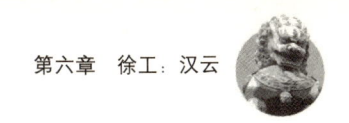

据的价值，在落地有色金属产业集群大数据平台的同时，可跨行业推广到装备制造、五金加工等行业。

第四节 下一步发展计划

一是积极打造平台生态载体，通过建设 5G+工业互联网 4、技术创新中心、低代码开发平台、设备 AI 管理平台、工业互联网人才实训基地，提高开发者社区服务能力和 App 贡献数量，打造汉云生态圈，吸纳优质开发者、生态企业加入汉云平台，提升汉云平台的生态影响与跨行业赋能能力，形成价值共创共享的创新创业生态。

二是促进工业互联网产教融合，徐工信息作为国内首家工业互联网领域"1+X"培训评价组织单位，积极推进"工业互联网实施与运维"试点院校工作，建立工业互联网实验室模式，加快培养工业互联网实用人才。

三是引入优质资本，基于资本市场的洞察力，合理规划运用资本力量，通过并购、收购等投资方式，提升在区块链、云计算、XR 等技术方面的研发实力，提升汉云平台技术攻关及新技术应用能力。

第七章

浪潮：云洲

浪潮集团是中国领先的云计算、大数据服务商，旗下拥有浪潮信息、浪潮软件、浪潮国际三家上市公司和浪潮云（浪潮云信息技术股份公司的简称）一家独角兽企业，业务涵盖云数据中心、云服务大数据、智慧城市、工业互联网四大产业群组，并建设发布了云洲工业互联网平台。

第一节　企业基本情况

浪潮云成立于 2015 年 3 月，前身是浪潮集团 2010 年成立的云服务事业部，主要业务涵盖云计算、大数据、工业互联网、电子政务、信创等，为全国 180 多个省市政府和百万企业提供服务。2019 年相关数据显示，位居中国云计算市场前五，位居中国工业互联网平台市场地位和发展能力双料第一，连续六年政务云市场占有率第一，区块链专利数量居中国前三、世界前十。入选山东省第二批独角兽企业，C 轮融资完成，估值突破 100 亿元。

浪潮云在 2017 年成立工业互联网事业部，云洲工业互联网平台（以下简称"云洲平台"）2018 年和 2019 年连续两年入选工信部跨行业跨领域工业互联网平台。云洲平台作为新型基础设施，提供以分布式云为核心的云码、云洲大脑和云 ERP 四大产品及服务，形成了"云、数、用"一体化的工业互联网发展模式。云洲平台服务企业 128 万家，链接 493 万台套设备。已为 18 个省和 176 个地级市提供了工业互联网服务。

第二节　平台总体情况

一、平台建设情况

平台建设包括工业设备连接、工业机理模型、工业 App 等建设情况。平台接入及管理的工业设备和产品覆盖加工设备、动力设备、电力设备、化工设备、采矿设备、机器人、冶炼设备、电工电子设备、建材设备、仪器仪表、轻工设备、工程机械、农林机械、物流设备、交通设备等 15 个行业共计 16 大类，总计约 4174895 个。

二、平台推广情况

平台推广主要包括行业和区域推广情况。

浪潮云洲工业互联网平台通过构建全球最大的分布式云，提供涵盖 IaaS、PaaS 和 SaaS 的全方位应用服务，累计解决方案超 200 项，服务企业超 128 万家。

第三节　典型行业解决方案

一、装备制造行业智能制造解决方案

1. 行业痛点

（1）按单生产，多品种、小批量生产模式，多单混合生产，采购、外协、生产、工装、设备等各环节信息不对称，协同效率低。

（2）制造过程受多种因素的制约（外协加工进度、采购进度、设计变更、客户资产），影响交付，按期交付率低。

（3）插单多排产难、调度难、按时配套难、质量数据整合难，成本核算难、分析控制难。

（4）设备状态不透明、利用率低、计划外故障影响生产进度，生产存在能力瓶颈（关键设备），给制造过程造成诸多问题。

2. 解决方案介绍

1）方案概述

装备制造业智能制造解决方案，依托浪潮自主研发的云洲工业互联网平台，面向装备制造业客户群，提供研发设计、生产制造、供应链管理、车间智能化生产、设备联网采集、运营管理等产品全生命周期管理的智能制造解决方案。

通过浪潮云洲物联网平台与设备、工装、仓库、运输车辆等进行连接，为设计、制造、经营管理等生产经营活动提供数据资源支撑和服务保障，帮助制造企业实现端到端全价值链管理，打通从顶层精益分析到底层基础设施的连接，全局实时管控、信息一致、高效协同，提高产品生产效率与按期交付率。

企业依据该方案深入实施数字化工程，从设计、工艺、生产、综合管理、服务保障等方面入手，实现企业协同制造过程数字化、生产过程可视化、生产设备网络化、生产现场智能化，最终达到提高生产质量、降低生产成本、缩短产品研制生产周期的目的，推动企业数字化转型，最终实现智能制造。

2）方案架构

该方案架构如图 7-1 所示。

3）方案功能及实现

方案基于浪潮云洲工业互联网平台，以物联网、云计算、大数据、AI、5G 等关键技术，帮助企业生产制造流程规划与优化，改造数字化车间，建立"智慧工厂"，以"精细协同、智能互联、数据共享"为核心，通过深入实施数字化工程，从设计、工艺、生产、综合管理、服务保障的智能化等方面入手，实现车间数字化、网络化、智能化，最终达到提高生产质量、降低生产成本、缩短产品研制生产周期的目的，到达生产过程可视化、生产设备网络化、生产文档无纸化、生产过程透明化、生产现场智能化的目标。

方案功能及实现如下：

① 设备连接。

实现智能设备的联网与智能化改造，核心包括四大部分：智能生产装备（含机器人与自动化生产线、生产设施等），如钢结构加工生产线、

第七章 浪潮：云涌

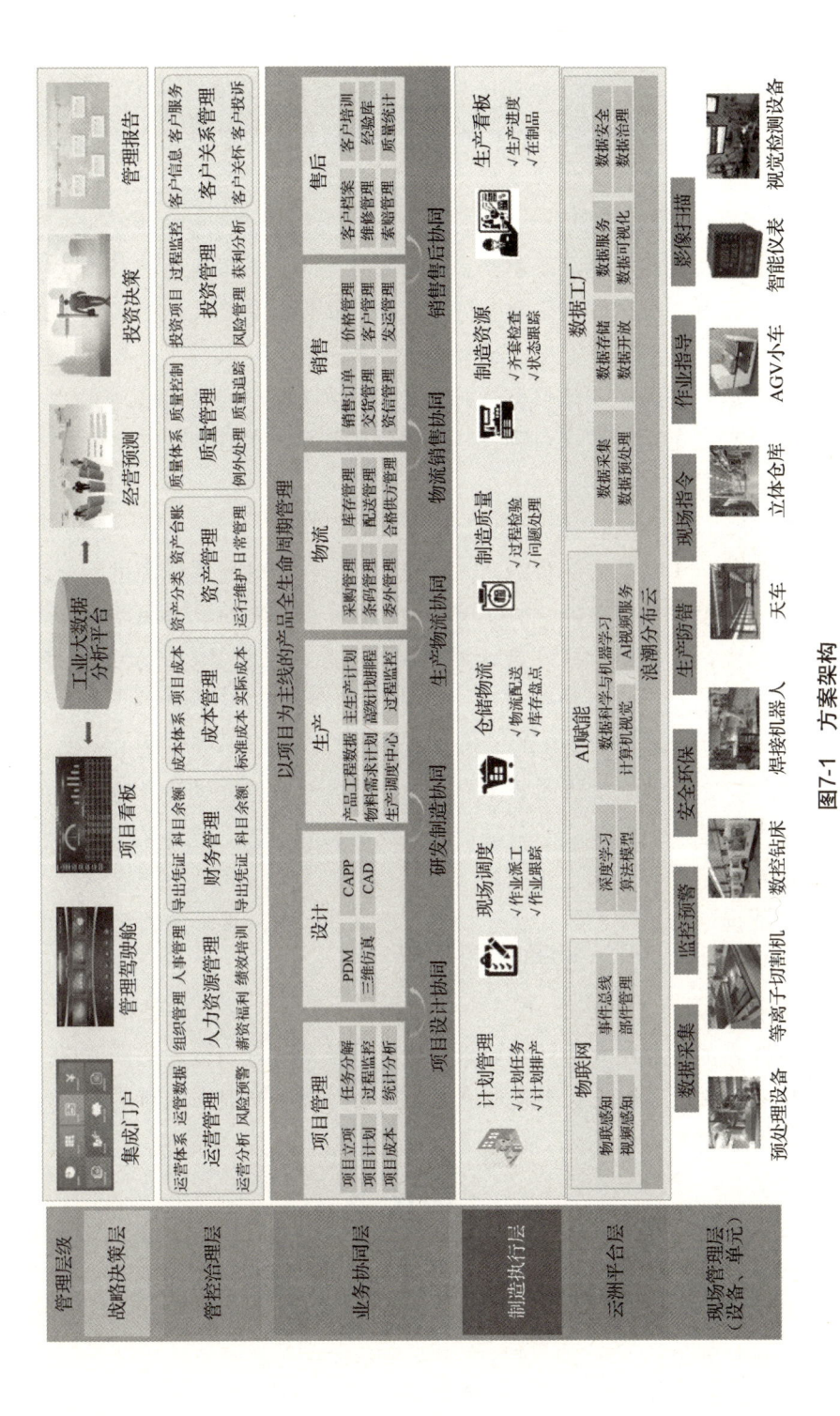

图7-1 方案架构

自动化拼焊生产线、自动化封头生产线、自动化柔性接头生产线等；智能物流装备，如立体库、自动引导运输车（简称"AGV"）及工装夹具等；能源测量与监控装置，如智能水电表等；智能质量检测仪器与数据采购装置等。

② 数据采集与处理。

基于浪潮云洲工业互联网平台，实现对车间底层智能化装备的集中化监测与控制，包括数据采集、协议转换、存储计算、实时监控、反馈控制、机器视觉。采集所有底层智能化装备的核心运转数据，如能源数据、设备运行数据、质量检测数据、物料识别数据、工艺加工数据等，实现对所有设备运行情况可视化、报警实时提示与处理等，并实现部分设备的远程操作与控制。

③ 制造执行管理与数字化应用。

对与生产车间紧密关联的"人、机、料、法、环"等资源进行全面管理，构建起适合多品种、小批量的生产执行管理系统，全面监控与指导车间的生产执行，包括高级计划排程（APS）、工厂建模、计划管理、生产调度与执行、现场质量管理（QMS）、智能仓储（WMS）、企业制造智能（EMI）；基于MDB的三维工艺设计与仿真，实现工艺的结构化和可视化，更有效地指导现场作业，并为现场作业控制和质量控制提供依据；通过虚拟制造的工厂布局仿真、物流仿真、加工仿真等优化现有的物理布局、物流仓储、工艺路线，实现虚拟与物理系统的充分融合；通过智能仓储与物流系统，实现物料、在制品、刀夹量具的精细化仓储管理和物流智能管理以及配送。

④ 以项目为主线的全业务链协同。

适应装备制造行业按订单设计、生产的模式，以项目为主线，以产品为核心，对产品设计、生产、物流、销售、售后等全生命周期实现一体化协同。

在企业内部，需要各工厂、各部门之间共同协作；在企业外部，需要与客户、供应商、外协单位等上下游合作伙伴共同协作。利用网络技术及信息技术实现及时有效的信息共享，是实现协同制造的关键。通过浪潮云洲工业互联网平台，将串行工作变为并行工程，实现供应链内及跨供应链间的设计、制造、管理和商务等合作的生产模式，达到降本增

效的目的。

在业务层面，建立了以设计数据为源头、以项目管控为手段的协同体系，打通了各业务环节的业务流、数据流，解决了传统管理方式下设计生产串行、计划断层的问题。

在组织层面，企业内部各工厂与各部门之间基于统一的平台进行协作，企业上下游合作伙伴之间基于企业门户上发布的接口或界面与企业内部平台交互信息，实现了全供应链的协同制造。

（a）企业精细化管控。

在企业运营、人力资源、财务、成本、资产、质量、投资及客户关系等方面，分别构建相应的系统，将企业生产与管控有机结合起来，实现企业精细化管控。

（b）工业大数据应用。

建立工业大数据中心，以全过程的工业大数据为对象，通过清洗、建模、展现，建立大数据分析平台。面向企业各级领导，以不同决策层的视角，动态、及时和可视化地呈现决策层关注领域的生产及运营情况，及时发现运营问题产生的本质，并以此为依据辅助进行决策，规避运营风险或解决运营问题，为企业管理层决策提供全过程可视化应用。具体包括如下几个方面：

- 根据企业特点，建立运营分析管理体系，构建覆盖装备制造企业生产交付、企业经营、合同执行以及管理支撑的业务管理体系，有效促进了业务集成改进，同时也为信息化规划建设提供了支撑。
- 整合企业核心业务数据，经营、生产透明化，打破原有面向各业务域的管理模式，打通各业务之间的壁垒，消除系统间的差异，为决策层提供统一的数据呈现，实现生产、经营的透明化管理。
- 改变数据呈现模式，由传统事务型业务系统或报表系统的数据呈现方式，向数据可视化技术转变，实现直观、清晰地掌握数据变化情况，从而发现企业经营生产过程中的异动和问题。

4）应用场景

① 研发设计优化。

以产品结构为中心，集成管理所有与产品相关的产品整个生命周期中的所有相关数据，如设计模型、技术明细、任务书、说明书、版本信

息、工艺数据、体系文件等，支持以树状图的形式将产品的所有研发设计数据和工艺设计数据进行一体化的关联呈现，搭建产品设计和工艺设计一体化工作平台。

② 运营管理优化。

实现企业运营管理全要素、全过程综合管理，包括 PLM、经营管理、项目管理、生产计划、质量管控、供应链管理、制造资源管理业务领域，帮助企业敏锐捕捉市场需求，快速响应市场变化，规避运营风险，以市场为导向，优化部署营销资源，协同产销、供应与服务，构建敏捷的经营管理平台。整合企业上下游资源，共享数据与服，优化运营管理，提升运营效率。

③ 供应链协同优化。

将供应链管理向上下游供应商延伸，实现与供应商高效可靠的协同合作，将供应商、经销商纳入企业的发展规划和采购策略中来，加强供应链协同，消除信息孤岛，实现供应链整体优化。

④ 生产执行优化。

面向企业制造业生产过程，解决生产车间现场管理中有关数据采集与监控、品质管理、现场物流驱动、生产过程防错、工装管理、工艺指导等业务需求，实现车间现场人员、设备、物料、任务等各个方面的有机整合，真正实现制造物联技术在企业的落地，推动企业自动化、数字化和智能化转型升级。

对生产线进行数字化、智能化改造，提升制造装备的数字化能力，提高关键工艺环节的数字化制造装备覆盖率，增进车间的制造柔性，提升产能。

⑤ 设备管理优化。

对设备从采购、安装调试、运行管理、运行监控到转让报废的全生命周期的管理，以提高设备的运行可靠性与使用价值，降低维护成本与维修成本，提高设备利用率及设备管理水平。

⑥ 产品全生命周期管理优化。

提供产品全生命周期管理，提高生产效率，加强对于文档、图纸、数据的高效利用，使工作流程规范化，为下游的采购、生产执行提供完整、结构化的数据支撑。

3. 方案先进性

方案连接装备制造行业常用的工业设备共计 311128 台，包括起重机、焊机、机器人、打磨机、切割机、车床、立车、铣床、数控钻床、压力机、剪板机、切割机、行吊机、油压机、镗铣加工中心等。通过对加工过程数据实时采集及分析，实现了对生产设备实时状态、周期关键状态等进行监控及预警的效果，提高了生产过程的透明化、柔性化程度，打通了装备制造企业"大脑"与"四肢"的链路，解决了企业长期以来因关键设备状态不透明造成的运营、执行不协调的问题。

方案孵化了 472 个工业 App，包括设备巡检、移动报工、质量检测、移动运营、自动排产、设备预测性维护、机器视觉、仓储路径优化等，按业务职能建立了"人""机""物"之间的沟通界面，提升了设备利用率、物资流转率及生产制造效率。

方案以企业资源管理为中心，平衡进度、质量和成本，集成了产品设计、产品数据管理、生产规划/计划、供应链、财务、人力资源、车间执行、数字化产线与智能单元等业务系统，围绕着装备制造项目的全生命周期，将设计、研发、生产、质检、物流、服务等过程紧密地结合在一起，有效解决了装备制造行业因定制程度高、多单混合、随时插单等业务特点造成的各业务环节信息不对称、协同效率低下的问题，帮助企业建立"业务流程持续优化""向管理要效益"的机制。

方案结合离散制造的业务特点，立足于推进数字化、智能化技术在企业研发设计、生产制造、物流仓储、经营管理、售后服务等关键环节的深度应用，针对企业运营的 3 大核心（资金、工艺、物资），站在整个企业的角度统筹论证、建设一个能对企业资源进行有效共享与利用的信息化管理系统，通过对信息进行集成共享、有效传递，使企业人、财、物、购、存、产、销等各个方面资源能够得到合理配置与利用，实现经营管理效率的最大化，提高企业的核心竞争力，助力企业智能转型，帮助企业树立智能制造标杆企业形象。

方案进一步巩固浪潮在新一代 IT 技术与先进制造技术融合研发方面行业领先的技术实力与应用实践，在数字化协同制造数字化产品定义、多业务链协同管理、协同制造异构系统及数据集成、协同制造全流程可视化管控与智能决策、敏捷业务开发平台核心技术（业务构件重构、

软件快速柔性装配）、复杂系统单元解耦等协同制造关键技术领域取得技术支撑应用突破。

方案坚持技术创新是驱动方案落地与应用实践的源动力发展理念，在软件支撑平台、软件应用、工业互联网等多技术融合方面创新应用，将技术领域突破进行梳理，申请受理智能制造相关方向发明专利 15 个。在"技术—专利—标准"梯次攀登的技术创新战略指引下，该方案促进技术成果转化，将专利技术转化为技术标准，实现专利技术的标准化，制定了供应商寻源、物料控制、智能生产订单管理等企业标准 6 项，编制国家智能制造领域标准 1 项，编制相关方向国家标准 2 项。方案强化方法论、标准库和标准案例集等实施手段，以培训、咨询等方式推进标准宣贯与实施。帮助客户实现整个生产过程规范化、程序化和科学化，通过标准化生产和管理，逐步改变传统生产模式，实现协同制造，助理企业数字化转型升级，使制造企业产品质量得到保证，经济效益得到提高。

4. 应用成效

1）应用效益

该方案有效提高了企业市场响应效率、产业链协作能力，缩短研制周期，变被动服务为主动服务，增强企业的国际竞争能力。方案应用于航空航天、高端装备、船舶制造、钢结构桥梁等典型装备制造企业。

案例 1：渤海造船的复杂协同制造系统工程，在多源异构数据链集成、多生命周期协同等方面进行创新，生产效率、造船量均提高了 20%~30%，综合建造成本降低 2~3 个百分点，产品设计和建造周期缩短 60~90 天。

案例 2：中铁装备集团实现了集团化的数据统一，降低信息系统集成难度，通过软、硬件一体化集成，自动化数采率达 90% 以上，研发效率提升 23%，供应链效率提升 31%，人员成本降低 12%，设备运维成本降低 20%；实现了移动作业、移动消息、移动审批、移动报表分析等功能，大幅提高工作效率。

中铁装备是装备制造业代表，从企业经营管理模式、供应链结构、研发设计流程等方面均具有装备制造行业典型特征。国内装备制造业营收规模约 30000 亿元。根据方案的应用效果统计，累计给行业带来约

31 亿元的经济效益提升，并实现人员和设备运维成本降低约 15 亿元，带动行业供应链实现网络化协同、生产控制智能化、产品运维远程化。

2）方案可推广性

解决方案在 7 个细分行业的 1200 余个客户应用，并具备向同行业/产业上下游/产业聚集区推广的能力，如已成功推广至以下装备制造企业：中铁装备集团有限公司、山东能源重型装备制造集团有限责任公司、河南中原特钢装备制造有限公司、山西江淮重工有限责任公司、中铁宝桥扬州公司等。

二、电子制造行业智能工厂解决方案

1. 电子制造行业特点及问题分析

目前国内电子产品制造企业基本采用分散式组装、测试、包装的生产方式，存在效率低、周期长、生产稳定性差以及在产物料、在制品的滞留时间长、数量多、管理难度大的问题，已经不能适应现在的多品种、小批量、高效率、高可靠性的生产需求。尤其在国际贸易保护主义和经济逆全球化的大环境背景下，电子产品制造企业面临着重重压力。

1）大环境压力需要制造业突破

- 人工成本、原材料成本上升和客户持续降低价格所带来的成本控制的压力，不断压缩利润空间；
- 客户对于交货期的要求越来越严格，难以平衡交期和存货；
- 电子元器件中的敏感物件等与环保法规、产品召回法规，使得品牌商要求其供应商必须建立完整的质量、物料追溯体系；
- 客户需要制造商提供一个管理执行系统来保证产品的品质能够按照预定的规则执行，避免不可控的情况发生；
- 工厂的升级改造迫在眉睫，原有工厂旧的管理、运营模式已无法满足供给管理的要求，尤其是在客户个性化需求方面。

2）数据分析严重不足

生产线的有效生产时间不能准确确认，对于生产设备的停转和空转，不能迅速反馈。

影响生产的最主要原因是设备故障，计划调度失误，材料供应不及时，计划频繁变更，工艺指标和产品设计不合理。

能否做到对产品的质量检测数据，自动进行统计和 SPC 分析，精确区分产品质量的随机波动与异常波动，将质量隐患消灭于萌芽之中。

3）成本居高不下

如何废除人工报表，实现无纸化办公，自动统计每个过程的生产数量、合格率和缺陷代码。

减少对不稳定因素的依赖，减少生产现场可能发生的异常对生产线造成的影响。

4）质量问题难以追溯

出现用户产品投诉的时候，如何根据产品号码追溯这批产品的所有生产过程信息，立即查明它的原料供应商、操作设备、操作人员、经过的工序、生产时间日期和关键的工艺参数。

5）防错机制严重不足

同一条生产线需要混合多种型号产品时，如何自动校验和操作提示，以防止工人零件、部件装配错误、产品生产、流程错误、产品混装、错装错误，是否自动关联标准化的 SOP 作业指导书。

6）制造管理存在较大黑箱

如何能够清楚了解目前仓库以及各工序线上的每种产品数量，要分别供应给哪些客户，是否能够及时交货。

从工单下发、到车间投料，整个制造环节的信息流还不完全畅通，对工人、车间计划员、工厂决策层来讲，整个制造过程基本属于黑洞，最终只知道完工入库的数量，而具体的执行过程是否异常、哪些工序出现过停工待料、工序之间如何交接、质量检测数据是否正常、设备 OEE 指数等，均不能及时得到数据，只能后续通过统计数据才能知道，存在滞后性和不及时性。

针对电子产品制造行业面临的现状，浪潮基于二十余年的企业信息化服务实践经验帮助企业构建集智能化、自动化、模块化、数字化、精益柔性制造于一体的智能工厂解决方案，实现订单管理、产品管理、物料管理、生产作业管理、设备管理、能源管控、质量管理、生产过程可视化等，满足产品的敏捷生产、透明生产、可视化生产和智能化生产需求。

2. 解决方案介绍

1）方案概述

电子制造行业智能工厂解决方案广泛采用人工智能、区块链、云边协同、物联网、大数据、5G 等新一代信息技术，为企业构建集智能化生产、网络化协同、个性化定制、服务化延伸、数字化管理等新模式新业态于一体的综合性解决方案，覆盖企业研发设计、供应链协同、生产执行、设备管理、产品全生命周期管理以及运营管理等全场景优化，推动企业生产方式和企业形态的根本性变革。

2）方案架构

电子制造行业智能工厂解决方案基于浪潮云洲工业互联网平台通过构建精准、实时、高效的业务系统和数据采集系统互联体系，实现机器、物料、系统、产品、人等参与主体各类要素信息的泛在感知、云端汇聚、高效分析和科学决策，优化涉及生产全要素、全流程、全产业链、产品选生命周期管理的各类资源配置，打造"数据+模型=服务"的智能体系，最终把正确的数据以正确的方式在正确的时间传递给正确的人和机器，提高企业智能的生产效益。具体如图 7-2 所示。

电子制造行业智能工厂解决方案总体技术架构分为设备层、分布式云、工业 PaaS、应用和服务场景，其中设备层通过设备互联实现数据的采集、汇聚，为上层提供数据支撑；分布式工业云通过多种部署模式为智能工厂提供算力支撑；工业 PaaS 为智能工厂数字化、网络化、智能化提供能力支撑，包括 QID、物联感知、数字孪生、AI 开发、数据工厂、低代码开发工厂；应用层为智能工厂柔性生产智能制造提供应用支撑。

3）方案功能及实现

电子制造行业智能工厂解决方案采用物联网、智能终端、自动控制等技术，并将这些技术与生产线各个信息系统进行统一集成，以信息化驱动自动化，从企业资源管理，到工艺、工序等环节信息数据无阻碍流通，实现了自动化设备、智能技术与柔性生产紧密结合，让柔性生产和智能制造同时在智能工厂得以实现，具体如图 7-3 所示。

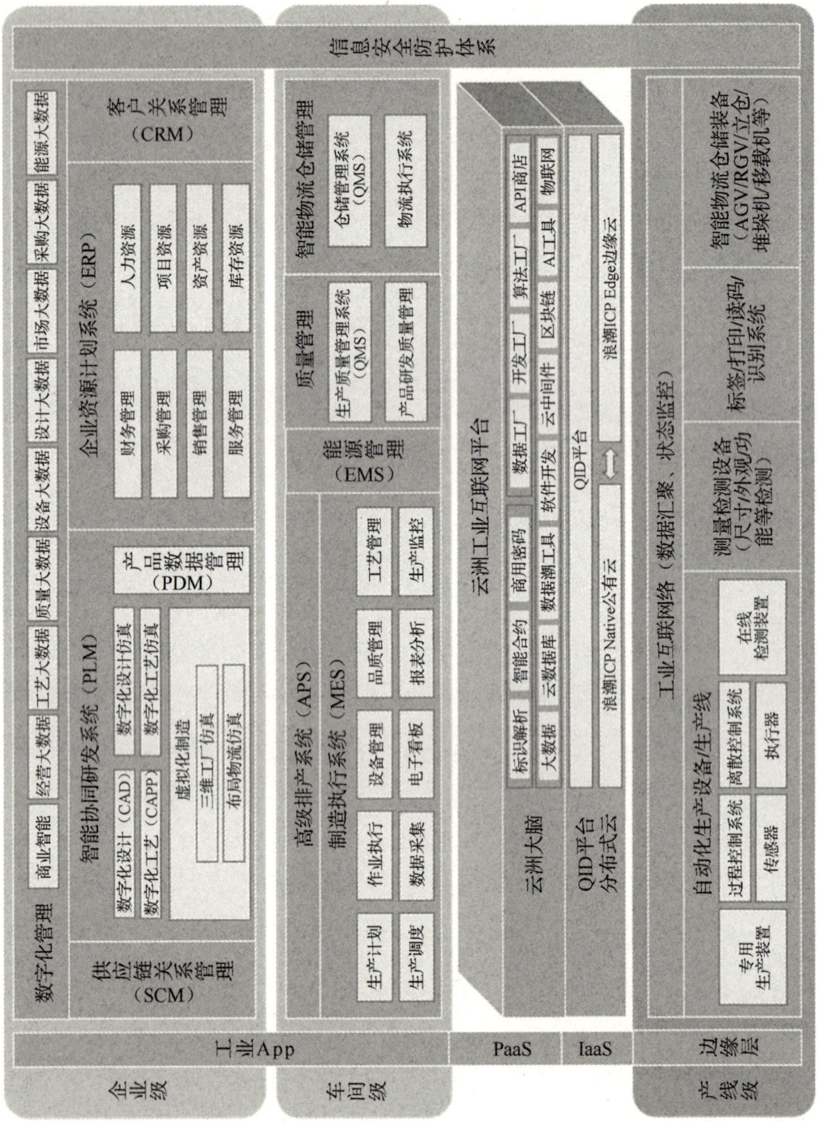

图7-2 电子制造行业智能工厂解决方案技术框架

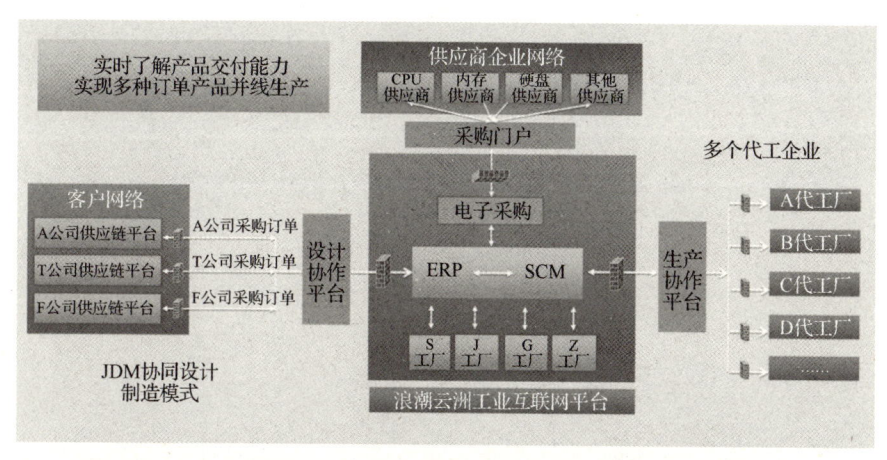

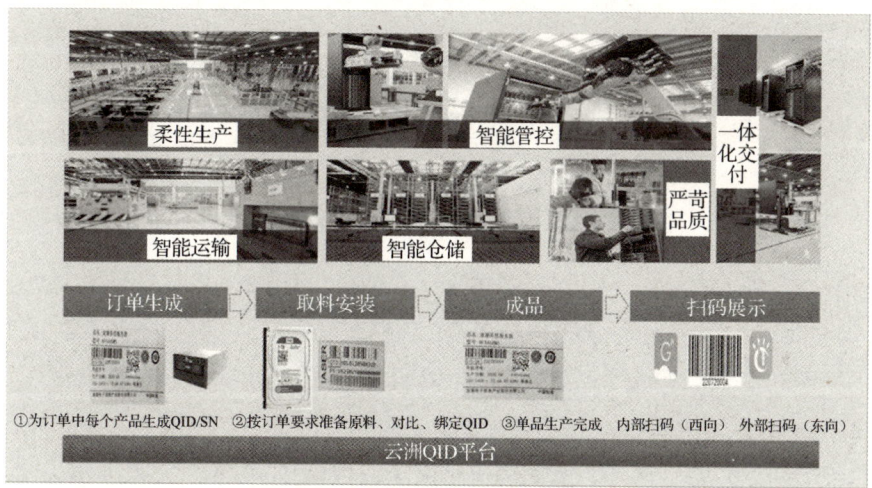

图 7-3　云州平台示意图

具体来说，浪潮智能工厂解决方案包含了 5 个发展模式的创新。
（1）智能化生产

电子制造行业智能工厂解决方案通过对工厂所有部件、成品、半成品等配备传感器、RFID 芯片以及具有温度、压强等采集功能的电子标签，由 MES 对生产过程实现全程自动化控制。与此同时，方案支撑企业核心信息系统的集成与互联互通，包括 ERP 企业资源管理系统、WMS 仓库管理系统、WCS 仓库控制系统、MES 精密制造系统、AGV 和 RGV 系统等，其中 ERP 是企业运营的核心系统，能够统一对接和调度其他

相关系统，MES 是驱动和管理装备制造全程的神经中枢，在其他系统的配合下，管理和控制着从物料入库到成品下线质检等整个生产流程，实现工厂制造数据管理、计划排程管理、生产调度管理、库存管理、质量管理等，实现全流程自动化智能化控制。

电子制造行业智能工厂解决方案在仓储和物流两个环节可实现无人化管控，智能立体仓库能够自动对物料进出库，从仓库到产线、从产线到成品库，不同生产单元之间，所有的物料运输都由 AGV、RGV 和激光叉车完成。在重复度高、要求精度高的多个生产工序，支持通过工业智能机器人提供工作精度和工作效率。

（2）网络化协同

电子制造行业智能工厂解决方案通过网络化协同帮助企业提升价值链主要体现在 4 个方面。

一是研发设计协同，基于浪潮云洲工业互联网平台构建的协同研发设计平台，支持企业研发与供应商研发、客户研发成员在共享环境下的协同工作、交互协商、分工合作，共同完成产品开发研制任务，支持建立涵盖复杂产品多学科专业的虚拟样机系统，通过仿真完成系统级的整体评估和验证工作，实现复杂产品的多学科设计优化。

二是供应链协同，基于浪潮云洲工业互联网平台打通供应链各方系统平台，实现供应商、制造商、分销商和客户可动态地共享客户需求、产品设计、工艺文件、供应链计划、库存等信息，帮助企业实时了解客户的需求、变动、设计的更改，并在整个供应链的网络中实现快速传播、及时响应，实现供应链运营体系的效率最大化，避免了传统管理中的"牛鞭效应"实现供需精准对接。

三是生产协同，通过浪潮云洲工业互联网平台云边协同能力和核心信息系统的集成打穿跨工厂间协同生产制造，实现计划协同、供应协同、生产协同，根据产能合理分配生产规模和部署交付周期，根据生产安排实现原材料按需调度，通过协同生产实现产品按质、按量、按时交付。与此同时，生产协同能力的实现也帮助企业构建起完善的生产动态协调机制，可以根据客户端的需求变更、设计修改、工艺要求修改实现快速响应，并动态调整上下游物料供应、仓储物流、设备运行状态，应对市场多样化需求。

四是服务协同,通过浪潮云洲工业互联网平台构建产品全生命周期管理系统服务,实现从用户需求、设计制造、仓储物流、售后服务、备品备件,直至回收再利用全过程的管理和服务。在产品智能化的基础上,帮助客户实现产品运行状态的在线数据采集,通过物联网进行数据传输,并远程帮助客户在线诊断和分析、在线服务、预防性维修等。提高客户服务的满意度,为客户和企业本身创造新的价值,实现传统制造向制造服务转型。

(3)个性化定制

电子制造行业智能工厂解决方案基于浪潮云洲工业互联网平台,通过实现企业信息系统之间的互联互通和设备间的高效协作,贯穿企业研发、测试、生产、物流、管理、服务等环节,实现了数据的自动采集、传输、处理和执行,帮助企业构建了一个数据自动流动的生产体系,可以把正确的数据在正确的时间发送给正确的人和机器,解决了生产定制化过程中的不确定性、多样性和复杂性,使得工厂得以开展以用户为中心的个性定制与按需生产,将用户需求直接转化为生产排单,有效满足市场多样化需求,解决制造业长期存在的库存和产能问题,实现产销动态平衡。

智能工厂解决方案个性化定制生产服务模式给企业生产过程带来极大的自由度与灵活性,以系统平台赋能设计、供应链、制造、物流、服务等各个环节并与供应商、客户系统平台打通,使得企业在产品设计、零部件采购、安排生产计划、实施制造加工、物流配送等环节实现与供应商、客户之间的相互协作和信息高效互通,构建对客户需求深度挖掘、实时感知、快速响应、及时满足的能力;同时在整个生产过程中,用户由部分参与向全程参与转变,不仅成为生产流程的参与者,而且广泛、实时地参与了生产和价值创造全过程,强化了企业与用户之间的良性互动,提高企业应对市场风险能力的同时也构建了全新企业服务体系。

(4)服务化延伸

电子制造行业智能工厂解决方案基于浪潮云洲工业互联网平台能力全面支持面向产品全生命周期管理的监测追溯、质量控制、远程监控、故障诊断、智能维护等提供在线服务模式,支持基于产品数字化、智能化以及产品全生命周期的可追溯服务,帮助企业发展信用销售、融资租

赁、供应链金融等新业务。

基于整体解决方案，通过为电子制造产品添加智能模块和通信模块，实现产品联网与运行数据实时采集，利用大数据分析为用户提供多样化智能服务，实现设备定位、远程故障预警和诊断、智能调度等服务，有效降低运维成本、减少用户损失。同时依托云洲平台构建的远程在线监测及故障诊断系统，可为用户提供全天候在线技术支持，并可协同供应商构建协同化服务平台，优化整合产业链资源，为用户提供更加全面、专业、及时的售后服务，实现由传统的产品为中心向以服务为中心的经营方式的转变，有效延伸价值链条，优化存量的同时带动利润增长。

（5）数字化管理

电子制造行业智能工厂解决方案基于浪潮云洲工业互联网平台强大的资源集聚能力，有效整合企业产品设计、生产工业、设备运行、运营管理等数据资源，汇聚共享设计能力、生产能力、软件资源、知识模型等制造资源，帮助企业实现研发、计划、组织、生产、协调、销售、服务、创新等生产与运营管理层面的智能决策和深度优化。

4）应用场景

电子制造行业智能工厂解决方案覆盖企业研发设计、供应链协同、生产执行、设备管理、产品全生命周期管理以及运营管理等全场景优化。

（1）研发设计优化

在企业研发设计环节，构建连接供应商、客户和企业的统一的协同研发设计平台，实现供应链企业的协同研发和能力共享，同时通过产品研发数据在 PLM 平台上的沉淀，并以数据生成产品 BOM、产品规格书和产品工艺文档，并传送给 SRM 系统和 WMS 系统，供相关人员进行采购、品质管控、生产等。

（2）供应链协同优化

在供应链协同环节，构建连接供应商、客户和企业的统一的 SRM 系统，并与 ERP、MES 和 WMS 系统连接，实现物料库存以及货物交付周期的实时查验。

（3）生产执行优化

在生产执行环节，通过 MES 系统和 WMS 系统协作，自动控制堆垛机按照订单需求智能取货，并在取货完成后自助扫码完成出货，并交付 AGV/RGV 小车进行物料分发；AGV/RGV 小车控制系统与 MES 系统互通，MES 依据生产台任务分配情况指导 AGV/RGV 小车将原料送至指定地点。在生产过程中，生产人员接收到原料后通过 QID 扫码建立产品的数字档案，同时依据 MES 系统控制的可视化屏幕显示的《定制化产品生产操作指导书》完成产品生产，并通过 RGV 小车智能运送到质检环节，质检人员依据 MES 系统控制的测试系统进行加电验证并利用 AI 进行外观标准化核验。测试验证完成后通过 AGV 小车将设备运至仓储，并实现数据在 WMS 系统中的创建和与订单关联。

（4）设备管理优化

在设备管理环节，对工厂所有部件、成品、半成品等配备传感器、RFID 芯片以及具有温度、压强等采集功能的电子标签，由 MES 对生产过程实现全程自动化控制，并依据采集的数据通过 AI 能力实时分析每个设备的运营状况和健康情况，最大化地优化产能分配。

（5）产品全生命周期优化

在产品全生命周期管理方面，通过将 PLM、ERP、WMS、MES 等系统之间的互联互通，将研发设计、采购、仓储、生产、后服务等环节打通，全面掌握产品的全生命周期状态信息。

（6）运营管理优化

在运营管理方面，通过 PLM、ERP、WMS、CRM、SRM、MES 等互联系统采集到的数据进行成本、研发、采购、生产、服务等方面的运营分析，指导企业做好产品规划和企业管理。

3. 方案先进性

方案连接工业设备 184035 台，包括贴片机、直轨、线体控制器、激光对接式 AGV、RGV、智能货架、光学检查设备、六轴机器人、自动对接台车等，通过对工厂所有部件、成品、半成品等配备传感器、RFID 芯片以及具有温度、压强等采集功能的电子标签，实现全程自动化控制，管理和控制着从物料入库到成品下线质检等整个生产流程，实现工厂制造数据管理、计划排程管理、生产调度管理、库存管理、质量管理等，实现全流程自动化智能化控制。

方案孵化了 158 个工业 App，包括设计流程优化、库存优化、物料

智能调度、运输路径优化、装配力矩智能控制、产品老化温度控制等，结合设备、产线及系统数据对电子制造的设计过程、仓储物流、制造执行等环节进行优化提升。

方案以企业资源管理为中心，平衡进度、质量和成本，集成了产品设计、产品数据管理、生产规划/计划、供应链、财务、人力资源、车间执行、数字化产线与智能单元等业务系统，围绕设计、研发、生产、物流、服务等全生命周期，帮助企业梳理智能制造标杆企业形象。

1）生产流程信息化

支持六大核心信息系统集成，包括 ERP 企业资源管理系统、WMS 仓库管理系统、WCS 仓库控制系统、MES 精密制造系统、5G+AGV 和 RGV 系统等。其中，最重要的是 MES 系统，被称为驱动和管理装备制造全程的神经中枢或大脑，在其他系统的配合下，管理和控制着从物料入库到成品下线质检等整个生产流程。

2）生产控制智能化

支持整个工厂对所有部件、成品、半成品等配备光学传感器、RFID 芯片，具有温度、压强等采集功能的电子标签，由 MES 对生产过程的实现全程自动化控制，实现工厂制造数据管理、计划排程管理、生产调度管理、库存管理、质量管理等，实现全流程自动化控制。

3）产线工序自动化

支持智能工厂仓储和物流两个环节打造无人化管控，智能立体仓库支持自动对物料进出库，从仓库到产线、从产线到成品库，不同生产单元之间，所有的物料运输都由 5G+AGV、RGV 和激光叉车完成。

4）数据流通无阻碍

以 QID 将企业的研发、供应、生产、销售、后服务全链条贯穿，记录仓储数据、设备数据、人员数据、产品数据、质量数量、出厂数据，并实现数据的打通与关联，揭示一物一码背后的生产过程、流通过程、消费过程全要素的质量数据。

4. 应用成效

1）应用效益

案例 1：浪潮（济南）高端装备智能工厂是中国一个服务器智能柔性生产基地，在业界实现了信息化装备生产制造从大规模标准化向大规

模定制化模式的升级，填补了我国在信息化高端装备领域的空白。被 Gartner 评为全球智能制造典范，被智能制造高峰论坛评为 2020 中国标杆智能工厂。依托浪潮云洲工业互联网平台，浪潮智能工厂统一整合了柔性生产、智能技术和物联网技术，截至目前，集成了 7200 多个 RFID、23500 多个传感器、740 个设备控制器、3300 套智能设备和 6 大核心系统，实现了从柔性化生产到交付服务的全过程智能化，交付周期从 18 天缩短至 5～7 天，人员减少 75%。

案例 2：积成电子是电网配套设备企业，因行业特点，对企业供应链、产品全生命周期及质量管控有着较高的要求。通过与浪潮合作，利用 QID 的全链条悬挂式数据采集能力，打造了从元器件入厂到生产过程，再到用户现场运行的双向追溯，大大降低了制造过程的出错概率，有效节省了生产成本，全面掌控了产品质量风险，为提高电力运行质量提供了重要保障，形成产品全生命周期的立体完整档案，为打通公司内部的产、研、销等各个环节，实现实时调整生产策略，及时实施现场运维的智能运营提供基础。

积成电子基于浪潮云洲和 QID 平台实现了生产过程数据的采集、处理、展现和各类业务应用的优化，产品上市周期缩短 3%，产品一次直通率提升 1%，产品一次检验合格率提升 0.2%，设备综合效率提升 10%，劳动生产率提升 1%。

国内电子行业市场规模约 160000 亿元，其中具备规模的大型企业约占整个市场份额的 13.1%。前文所述案例 1 浪潮（济南）高端装备智能工厂是电子行业典型代表企业，从研发设计流程、生产制造模式、供应链协同生产模式、数字化工厂建设情况等方面均具有电子行业典型特征。根据方案的优化价值统计，累计为电子制造行业带来约 14 亿元的经济效益，并节约人力及物料采购成本超过 6 亿元，通过模式创新带动整个行业形成网络化协同设计、智能化生产的新模式。

2）方案可推广性

解决方案已在 4 个细分行业 420 家客户应用，方案在解决企业研发周期长、配件缺货率高、过程质量控制不精准、制造过程数字化程度低等方面有显著成效。目前方案已在浪潮电子信息、积成电子、济南卓熙、北京圣非凡、陕西熙杰电子、佳木斯富库实现应用，并在电子信息产业

智能工厂、智慧供应链、数字化管理运营方面具备向电子信息行业企业推广的能力，帮助企业用户建立数字化工厂及产业链沟通渠道，实现行业整体能力提升。

第四节　下一步发展计划

一是加大人工智能、区块链、边缘计算、5G 等新一代信息技术与云洲平台融合的研发投入，构建科技创新自立自强的世界级工业互联网平台。

二是打造新型工业互联网运营商，聚焦制造业高质量发展和乡村振兴打造垂直行业和产业聚集平台，围绕黄河流域、成渝地区、京津冀、长三角、粤港澳、西部大开发等国家战略布局落地公共服务平台，依托"一带一路"倡议紧抓上合组织、中新合作等机遇布局全球市场，助力国内大循环、畅通国内国际双循环。

三是依托产业联盟/协会，与国内外知名企业建立战略合作关系，共建联合实验室、创新中心，发展万家合作伙伴和百万生态开发者，致力构建开放、创新、融合、共赢的、具有全球影响力的浪潮云洲"平台+生态"产业合作体系。

行 业 篇

第八章 原材料行业工业互联网平台发展情况

第一节 总体情况

原材料行业是为制造业提供原材料的工业行业，具有生产流程长、生产工艺复杂、供应链冗长等特点。如今正面临设备维护成本高、工业知识隐形程度高、下游需求日益个性化、环保压力增大等挑战，亟须围绕设备管理、生产管控、供应链管理、安全环保等方面开展数字化转型。工业互联网作为连接全要素、全产业链、全价值链的平台，正是原材料行业进行数字化转型的首选路径。工业互联网有利于推动我国原材料行业关键生产设备管理、生产工艺全过程管控、全产业链协同以及能耗管理向数字化、网络化、智能化转型升级，深化原材料行业供给侧结构性改革，开创原材料行业高质量发展新局面。

第二节 "平台+钢铁行业"

一、设备全生命周期管理

钢铁行业工业互联网平台可实时采集高炉等高价值设备的运行数据，结合设备故障诊断模型，自动预警设备故障并确定最优设备维护方案，实现设备预测性维护。一是设备状态监测。钢铁企业通过工业互联网平台实时采集高炉等设备工作温度、工作环境和应力分布等状态数据，并做可视化处理，增强设备状态监测的可靠性。二是设备故障诊断。

综合利用采集的设备数据，结合设备故障诊断模型，对设备故障进行分析和预警，避免设备故障引发的生产停滞和安全问题。三是设备维护仿真。根据设备故障位置和重要性，利用工业互联网平台在赛博空间中仿真模拟维护方案，选出可靠的维护方案，保障企业正常生产。四是设备创新设计。将高炉等生产设备运行监测数据反馈至设备生产商，结合性能需求和应用环境，全方位模拟设备运行状态，确定最佳设备生产方案，形成良性的设备迭代优化闭环。

例如，宝钢集团面向钢铁行业设备远程运维建立了工业互联网平台，促进了设备维修实现从被动处理到主动管控、从单一数据专项分析到大数据综合分析、从基于经验的预防性维修到基于数据的预测性维修、从单纯反馈设备状态到提供整体解决方案的4个转变，为企业带来了显著的经济效益，使设备运维成本降低5%以上、检修作业效率提升10%以上、设备整体效率提升5%以上、备件使用效率提升10%，并每年为企业带来基于平台增加的社会市场技术服务费约2000万元。

二、智能化生产

钢铁行业工业互联网平台可将生产工艺、生产过程管控、产品质量管理等领域涉及的工业知识显性化为工业机理模型，结合实际采集数据，实现智能化生产。一是生产工艺优化。工业互联网平台可应用人工智能技术等先进技术，在赛博空间对钢铁的工艺配方、工艺流程等方面进行全方位、超逼真的模拟仿真，得到产品最佳生产工艺方案，缩短产品上市周期。二是生产过程管控。工业互联网平台可将生产过程中涉及的工艺知识、工业经验等技术要素封装化并显性化为可调用的机理模型，结合采集的设备、环境、材料等参数，确定最优加工计划，提升生产效率。三是产品质量管控。通过在工业互联网平台部署生产质量分析模型，可采用机器视觉等技术，采集和分析产品全过程质量数据，持续迭代优化闭环控制体系，实现全流程产品质量跟踪及自动控制，提升产品质量的控制精度。

例如，东方国信利用在机理模型和大数据分析领域积累的技术优势，开发了适用于炼铁行业的工业互联网平台，在工艺优化、生产管控和质量管理等环节为钢铁企业实现了降本增效的经济目标。酒钢集团在

实施炼铁平台之后，铁水质量稳定性提高了 20%，单座高炉每年降低了成本约 2400 万元，冶炼效率提升了 10%。

三、供应链协同

钢铁行业工业互联网平台可汇聚整理产业链物料信息和产能信息，结合下游实际需求和企业生产能力，制订科学的生产计划，满足零库存运营要求，实现供应链协同。一是产业链物流通协同。通过工业互联网平台，可与上下游企业建立互通互联的数据通道，动态监测上游原材料供给情况，辅助原材料采购决策；搜集整理下游企业订单和产品定制信息，自动生成生产计划，对产品进行个性化加工和精准化配送。二是社会范围生产能力协同。通过工业互联网平台整理订单信息和其他钢铁企业的基本信息，动态匹配产品性能要求和钢厂的生产工艺水平；通过订单共享实现产能共享，提高钢铁行业产能利用率。

例如，南京钢铁积极适应下游个性化需求，通过构建面向供应链管理的制造云平台，提供"JIT+C2M 模型的定制服务"，寻找"个性化定制"与"大规模生产"之间的最佳平衡点，使企业设计成材率提高 0.15%、每吨产品附加值提升近百元、整票合同兑现率提升至 98.94%、用户满意度提升至 94.26%。

四、绿色化生产

钢铁行业的能耗和环保问题日益突出，钢铁企业可采集各生产环节的能源消耗和污染物排放数据，找出问题严重的环节，并进行工艺优化和设备升级，降低能耗成本和环保成本，实现清洁低碳的绿色化生产。一是节能降耗。贯穿钢铁企业整个生产过程的工业互联网平台，通过建设能源管控中心，实现能源生产、能源消耗数据的自动实时采集、集中监视，并基于数据进行能源智能管理、能源供需平衡、能源预测优化，生成高效的能源利用方案，减少能耗成本。二是治污减排。钢铁企业可在各工艺设备的排污口设置智能监测传感器，将实时采集的排污数据传输至工业互联网平台，综合分析钢铁企业生产过程中的有毒有害物质的排放情况，确定工艺优化和设备升级方案，减少对生态环境的污染和破坏。

例如，酒钢集团是我国西部最大的钢铁联合企业，其原燃料主要依赖自产，原燃料质量差并且质量波动幅度大，高炉类型多样化，因反应器"黑箱"特性，其能耗成本和环保成本一直居高不下。在实施了东方国信炼铁平台后，酒钢集团单座高炉每年减少碳排放 20000 吨。东方国信预期整个钢铁行业推行 Cloudiip 平台后，每年将为我国钢铁行业降低 100 亿元成本和减少 1000 万吨碳排放。

第三节 "平台+石化行业"

一、设备智能管理

一是设备状态检测。通过对物理设备的几何形状、功能、历史运行数据、实时监测数据进行数字孪生建模，实时监测设备的各部件的运行情况。中石油青海油田对 10 万余口油气水井和 3000 余座场站的采油设备的运行数据自动采集，远程实时监测设备运行状态，实现了边远油田派遣人数和人工成本大幅下降。二是远程故障诊断。将设备的历史故障与维修数据、实时工况数据，与故障诊断知识库相连，利用机器学习和知识图谱技术，实现设备的故障检测、判断与定位。中油瑞飞工业互联网平台对中石油海外油田设备提供了跨国油田远程技术支持服务，结合专家远程诊断和工人维修指导，实现了 50% 以上的问题无须设备服务商到场解决。三是预测性维护。构建设备数字孪生体，实时采集各项内在性能参数，提前预判设备零部件的损坏时间，主动、及时和提前进行维护服务。燕山石化建立了控制阀故障模型，通过对炼化装置流量控制阀进行数据分析和诊断，实现了对控制阀的预测性维护，降低无效维修 50% 以上，创造直接经济效益近 5000 万元。

二、炼化生产优化

一是工艺优化。在实际炼化生产前，对原油原料、工艺流程、炼化设备进行数字孪生建模，对工艺配方、工艺流程等全方位模拟仿真，优化原料配比参数和装置优化路径，得出最优的炼化生产方案。中石油云南石化对开工原油的炼化工艺流程进行模拟分析，明确各项操作参数，

从而指导生产操作，实现了常减压装置一次开车成功，制氢联合装置核心设备投产一次成功。二是质量管控。实时采集和分析油品炼化全流程的质量数据，对各项质量指标进行在线动态分析和预测预警，实现炼化全流程质量跟踪及自动控制。中石化九江石化在炼化生产过程中，对各项质量指标进行实时监测和动态分析，实现了油品炼化质量的大幅提升，吨原油除成品油率提高到82%，产出率提升7个百分点。三是节能降耗。通过对关键耗能设备和高耗能加工流程的数据采集，结合大数据、人工智能算法和专家知识库，分析耗能的关键因素，找出能耗最低的工艺参数来指导实际生产，提高关键耗能设备的维护精度。恒逸工业大脑通过对历年锅炉燃烧数据的深度学习，推算出最优的锅炉燃烧参数，燃煤发电效率提升2.6%，在节煤方面增加了数千万元的收入。

三、供应链协同

一是企业内供应链协同。实时采集和分析供应链运行情况，识别资源配置低效的环节，提出改进方案，提高企业内部资源配置效率。中石化镇海炼化将原油采购、资源配置、装置运行、产品结构、销售物流等进行全流程建模，系统分析供应链协同的重点难点和优化潜力点，测算了各类优化方案637个，累计创效3.9亿元。二是企业间的供应链协同。以工业互联网平台为连接枢纽，打通石化上游原油供应、中游炼化生产、下游产品销售各环节，优化全产业链资源配置。当前，我国石化产业链的供应链协同正处于探索应用阶段，在新冠肺炎疫情期间，基于石化盈科ProMACE工业互联网平台，镇海炼化、恒力石化进行生产动态优化调整，提高防疫所需原材料的供给能力，同时与口罩、防护服生产企业实时对接、协同排产，实现了上下游医卫用品资源配置的动态优化，提升了产业链协同效率。

四、安全巡检

一是生产安全监控。实时采集炼化生产过程中的各类安全数据，结合安全生产监控模型，对生产异常状态和安全风险实时报警。中石化茂名石化基于工业互联网平台汇聚厂区内外的安全信息，结合安全风险诊

断模型，实现了异常状态和安全风险的实时报警，发现并消除了 1800 多项生产异常问题，避免了多起突发事件。二是管道智能巡检。在油气管道内外利用传感器、智能阴保桩、管道巡检机器人、无人机等数据采集工具，以及连接地理、气象等环境数据，实现管道内外运行状态的全面感知和实时监测，对管道异常状况（如泄漏）快速定位。基于 ProMACE 工业互联网平台，石化盈科在中石化西北油田开展了原油管线泄漏视频智能识别应用，通过训练卷积神经网络，实现视频数据实时分析处理，巡检视频识别效率提高 70% 以上。

第四节　"平台+煤炭行业"

一、智能安全生产

依托工业互联网平台动态采集边缘侧数据，结合井下机器人、智能传输机等设备，利用机器视觉、深度学习等技术实现无人生产或少人生产，切实提高煤炭安全生产能力。一是智能自主生产。企业可依托工业互联网平台，通过"边缘数据+云端分析"实现采煤机、传输带、化煤机等设备的自动识别、自主判断和自动运行。二是故障辅助诊断。结合机器视觉技术对皮带、煤仓、电机等容易出现故障的设备进行自动巡检，帮助维修人员及时调整设备状态。三是风险预警管理。实时采集空气成分、设备震动等数据，结合瓦斯浓度、设备寿命等模型分析，实现煤矿事故风险提前预警，提高事故灾害防控能力。

例如，华为依托华为云构建"煤矿大脑"，以"云+边+端"一体化方式打造"全感知-全链接-全智能"的智慧煤矿，风险实时识别率达 98%，煤矿有效工时提高 10%，设备运维成本下降 65%。

二、矿山综合管理

通过工业互联网结合 AR/VR、虚拟仿真等构建数字矿山，在数字孪生空间实现对物理矿山映射的基础上，为挖掘设备、运输设备、能源设备的使用、维护、修理、升级等提供辅助决策与操作支持。一是少人值守。基于工业互联网围绕堆煤管理、人员巡检等场景提供在线监管服

务，及时干预、纠正问题，进而提升煤矿管理水平。二是集成控制。依托工业互联网平台集成工作面视频监控、远程集中控制等，打破数据孤岛，提升信息共享层次，提高管理层决策效率。三是辅助决策。结合VR/AR等进行应急模拟体验与特殊工种培训，基于3D矿山仿真模拟建立应急救援方案库，根据具体情况自动生成救援方案。

例如，榆北煤业搭建智慧矿山系统，对煤炭开采、运输、销售、设备维修、备品备件、人力资源管理等在内的各种需求做出智能响应与快速决策，1秒能够完成一次矿区人员位置信息的刷新，25毫秒可以远程启动矿区任何一台设备，3秒可以对所有矿区生产系统完成全面巡检。

三、煤炭智慧运销

聚焦准点、安全、廉价等煤炭运输需求，通过工业互联网平台汇聚车队数据，推动运营管理精细化、销售运输一体化、运输安全可控化，打造煤炭智慧供应链。一是车队动态管理。基于工业互联网平台加快车辆上云，根据园区装载、排队、交通等实际情况动态调整运输部署，打造煤炭精准运力池。二是销售运输协同。建立运输价格数据库，结合煤炭产品个性化需求，对运输方式进行运价比对，最大限度保证运输效益、减少运输成本。三是智能辅助驾驶。依托机器视觉、深度学习等技术自动甄别疲劳驾驶、超速、车道偏离等危险场景，并对司机进行及时提醒，降低运输事故率。

例如，G7智联依托平台动态监控故障事故、司机行为等事件，每5分钟更新一次风险判别，推动企业运输效率提升5倍，运输成本下降10%，安全指数提升2倍。

四、生态资源保护

工业互联网平台作为大数据管理、决策与研究载体，集成无人机、三维虚拟仿真、多维度数值模型分析及现场实时监测等技术，能够为开展生态修复提供技术系统支持。一是解决方案储备。利用工业互联网平台可储存数以百万计的水、土、气、草、畜等生态基础信息，收录各地乡土植物种质资，自动生成生态恢复组合库，丰富生态恢复方案。二是

辅助个性定制。通过平台收集地区历史生态数据资料，追溯原生植物、分析搭配群落、探寻演变规律，因地制宜实施决策辅助。三是生态实时监控。基于工业互联网汇聚监测点信息，汇总分析环境土壤的 pH 值、光、湿度、气压等生态数据，支撑精准、实时的监测指挥。

例如，蒙草集团打造矿山生态大数据平台，目前已动态监测 3000 万个有效信息点，存储 500 多万文字的标准说明，实现生态数据指挥"一张图"，科学管理"一张网"，精准服务"一平台"，有效支撑矿山修复构建。

第九章

装备制造行业工业互联网平台发展情况

第一节 总体情况

装备制造业是为国民经济进行简单再生产和扩大再生产提供生产技术装备的工业的总称，即"生产机器的机器制造业"，其产品范围包括机械（含航天、航空、船舶）、电子和兵器工业中的投资类制成品。装备制造业具有极高的带动效应，在国民经济中发挥着不可替代的作用，是产业结构优化的重要推动力量。

经过多年的发展，我国装备制造业已经形成门类齐全、规模较大、具有一定技术水平的产业体系，成为国民经济的重要支柱产业，但总体而言大而不强，在全球产业链中处于下游和低端位置。一是我国高端装备、电子信息设备、核心零部件的自主研发能力薄弱，主要依赖于国外进口，设备相较于国际先进水平陈旧落后，数字化、智能化水平低。二是我国装备制造业市场长期粗放式发展，没有合理的顶层规划和体制机制，导致我国装备制造业零部件标准化程度低，难以形成专业、优质、先进的高端零部件产业。三是我国装备制造业设备联网率不高，不能够形成有效的设备共享机制，设备利用率低。四是由于我国装备制造业处于价值链低端环节，整体销售利润、产品增加值不高，经济效益低。

随着新一代信息技术的飞速发展，不断向传统装备制造业渗透融合，提供装备制造业转型升级的技术支撑；为我国加快基础设施建设、扩大先进装备内需市场，提供了装备制造业转型的动力支撑；为"加快工业互联网发展"等政策制度提供了政策保障，为我国高端装备制造业

提供了新的发展机遇。我国装备制造业插上互联网的翅膀，正向数字化、网络化、智能化的方向高速发展。

第二节 "平台+航空航天行业"

一、基于 MBD 的研发设计

企业依托工业互联网平台开展基于 MBD 的研发设计，以三维统一数据源作为唯一依据，缩短研发周期，提高效率。一是信息交互。优化信息的传输、操作和管理，大幅减少由理解差异产生歧义的问题。二是工艺审查。分析可制造性、可装配性和结构合理性。三是工艺规划。规划零部件装配顺序和运动路径。四是工艺编制。计算关键部件工艺容差，合理分配资源。

例如，波音公司构建全球化的研发体系，波音 777 项目实现了全球 238 个 DBT 团队，总成员 8000 余人协同研发，减少了 90% 的设计更改，设计周期缩短一半。在运-20 研制过程中，我国首次建设异地协同设计、制造和管理信息平台，开创一航商飞、一飞院两地、四个主机厂、十九家国外供应商协同研制的模式。

二、基于 CPS（赛博物理系统）的智能制造

结合 CPS、AR/VR 等技术推动数据源、模型的统一，加快数据有效流通，构建基于工业互联网的异地多厂协同制造体系。一是分布式生产。将整机组装厂、零部件生产厂等资源整合，以信息管理为整个制造网格系统提供行动依据，形成网络化制造系统。二是个性化生产。针对不同型号的飞机制造需求，制定个性化的组装方案。三是柔性化生产。根据市场、厂区、库房的动态信息，及时调整生产所需的人、机、料、法、环等配套供给。

例如，我国在新飞豹的研制过程中，全面采用数字样机技术，实现全机 51897 个零件、43 万个标准件、487 个关键件的三维数模直接用于数字化生产。西飞公司通过资源、信息、物料和人的高度互联，确保工艺流程的灵活性和资源的高效利用，成功将整机制造周期压缩到 15 个月左右。

三、基于大数据分析的供应链管理

企业借助工业互联网平台对供应链信息进行收集、整合、优化，通过数据分析，及时发现仓储物流、产品质量、制造工艺等方面的问题，提高供应链调整能力，保障产品质量。一是物流管理。通过业务需求，动态调整备品、备件预计划，改善供应链库存状况，降低系统库存总成本，提高准时交付率。二是质量管理。运用大数据技术评测生产制造能力、质量保障能力、交付进度、合格率等指标，健全质量管理体系，完善质量追溯制度，实现对各环节产品质量的精确管控。

例如，商飞构建基于工业云的飞机研制系统平台，推动全球近150个一级供应商之间进行数据交互，实现基于统一数据源的设计、制造、供应一体化协同。西飞公司按生产计划实时更新装配进度信息和配套缺件动态信息，将计划、库房、缺件结合起来，航材备件月结库存时间，由原来的1天缩短为不到4小时。

四、基于 PHM 的运营维护

基于 PHM 的运营维护建立航空产品故障和维护维修的数据库，支持多部门、多专业协同进行运营维护。一是状态实时监测。航空航天企业通过工业互联网平台实时采集发动机、飞行器等设备工作温度、工作环境和应力分布等状态数据，并进行可视化呈现，保障设备状态监测可靠性。二是故障诊断预测。对历史积累的海量数据进行高效处理，生成运维模型，诊断产品在不同使用条件下出现故障的概率和时间。三是维修辅助决策。基于故障预测结果，辅助制定维修方案，远程指导工程师现场执行，降低因人工操作错误产生的返工现象，有效避免信息传递缺失的问题。

例如，西飞运用数字化技术，对飞机和航空产品的使用性能、功耗、能耗等进行过程监控，并根据对运行数据的分析，预先制定改进方案，及时更换老化零部件，进行健康管理、维修，提高了航空产品服务的安全性和数据采集的多样性。GE 在 Predix 平台上开发了 DRAI（人工智能超差处理）算法，用于检测飞行器叶片故障隐患，自动抓取，生成维护报告，识别率和报错率分别在 95% 和 97% 以上。

第三节 "平台+船舶行业"

一、基于三维模型的协同设计

一是数字孪生仿真。船舶企业可通过在工业互联网平台部署CAE、CAD等功能模块,在赛博空间对船舶模型进行碰撞仿真、结构仿真和流体仿真等测试,降低样品试制成本,并缩短产品研发周期。二是并行协同设计。船舶企业可应用工业互联网平台集成船舶的外观、结构、性能和电器分布等数据,实现各项设计工作在跨部门、跨企业、跨区域的同步进行,保障设计方案的协调与适配,提高研发效率。三是工艺设计优化。利用工艺设计仿真等功能模块,在数字空间模拟船舶零部件的加工、船舶部件的焊接与组装等制造过程,减少人工试错的次数,优化制造工艺,降低生产错误率。四是基于三维模型的可视化检验。基于工业互联网,建立面向船东、船检的在线检验平台,基于可移动、旋转的三维数字孪生模型,直观展示船舶检验数据,提高船舶检验的实时性,保障产品质量。五是船舶工业建设的数字化设计。在船厂数字化、网络化、智能化升级改造项目中,经过布局规划、仿真、验证船厂生产能力,优化车间物流和设备配置。

例如,中船江南造船、中船黄埔文冲基于达索三维体验平台,实现了大型航标船、支线集装箱船等产品生产设计全流程、全专业、全三维交付,设计差错率大幅降低,提升产品的制造质量。外高桥造船在豪华邮轮设计方面建立了全球大型协同设计平台,实现和国外设计公司统一平台上的全球化协同设计,实现了和船东之间的图纸送审协同,提高设计效率30%。沪东中华使用自主研发的SPD三维设计制造系统,支持船舶、船机电全专业设计建模及工艺完整性定义,通过在计算机上虚拟造船,融合各专业并行开工,减少船体建造过程中的错误率。黄埔文冲构建了基于工业互联网的云检测平台,实现了基于船体三维模型的焊缝设计、生产、检验信息在线查询与展示,确保相关方能在全球任何地点实时掌握船舶焊接工作状态。中船九院开发船厂工艺敏捷设计咨询系统,通过开发系列高效的工艺计算、船厂方案参数化布局、工艺仿真验

证，以及设计成果发布等工具软件，持续不断地进行设计迭代，以达到船厂客户的需求。

二、基于 CPS 的智能制造

一是关键生产环节的装备自动化，依托工业互联网平台控制智能机器人开展型钢上料、自动切割、智能焊接、材料输送等生产流程，缩短生产周期，提升生产效率，降低人力成本。二是造船厂域生产要素的泛在互联。在造船企业大尺度离散生产场地与车间范围，部署基于北斗、RFID 等技术多层次、多粒度定位系统，建立面向切割、焊接、吊装、驳运等核心装备的状态采集与控制网络，实现造船全流程核心生产要素的泛在互联。三是基于边缘计算的关键工艺敏捷管控体系。在切割、焊接等造船核心工艺环节，组建车间层级边缘智能管控网络，建立造船离散作业环境下的人、机、件的融合统一，实现近装备端的敏捷质量监督、缺陷预警与节能管控。四是基于数字孪生车间的智能管控。建立零件加工、分段制造、船台船坞等三维数字模型，构建生产工位、生产线及生产车间逻辑模型，实现基于物联网的核心生产要素状态监控及作业状态管控，以及基于实时状态数据的生产过程动态分析、决策与调度。

例如，依托工业互联网，中船黄埔文冲建立了基于北斗的厂域物流装备定位及管控网络，结合车间制造执行系统，建立面向船体分段作业的数字孪生车间，实现了生产作业的精细化管理。沪东中华、黄埔文冲等建立数控焊机管控边缘网络，推动焊机联网，实现了焊接指令及工艺在线下发、作业跟踪与自适应启停控制，有效提高了焊接的质量，降低了能耗。中船第十一研究所依托工业互联网平台研发工艺规划、车间管控、吊装仿真等软件，积极投身船厂生产线联网改造，实现关键工位国产化替代，与船厂一起打造数字化车间。中船信息致力于研制新型工业互联网 App，打造智能制造 SaaS 云服务，为船厂及供应链上、下游提供设备接入、生产协同、设备管理、能耗管理、安全预警等智能化服务，帮助企业低成本上云、上平台。

三、供应链协同

一是供应链管理。通过工业互联网平台进行船舶配套资材、供应商、

资材配送等精益化管理，保障供应链配套均衡、有序，有效提高物流周转效率。二是供应链金融。通过工业互联网平台进行融资租赁，将资产由流动性较差的固定资产向流动性最强的现金资产转变，改善企业现金流，降低企业融资成本，优化公司资本结构。

例如，中船黄埔文冲搭建标识解析船舶行业二级节点，推动供应链上、下游开展基于工业互联网平台的外协外购产品一码协同制造、配送、入库，节约配送人员与成本，提高物流效率。外高桥造船依托工业互联网建立了供应链协同平台，把船厂内部管理向供应商端延伸，通过设计协同、计划协同，降低物资库存量、提升供应及时率。中远海运通过布局供应链金融，借助大数据分析把控风险借助供应链金融，利用区块链技术创造可信环境，有效降低了企业融资成本，船融比例达到80%。

四、服务化延伸

一是船舶节能运营。将智能检测设备连接工业互联网，实现能耗查询、分析、统计和管理等功能，减少海运碳排放量，降低船舶运营成本。二是航路智能规划。搭建船岸、船船信息传递网络链路，实现了船岸与船船之间大数据的互通与共享。实现开阔水域辅助驾驶，提高了船舶航行安全。三是设备预测维护。实时获取关键设备的状态参数和健康状态，使用大数据技术预测状态发展趋势和剩余寿命，并采用合理的维修或维护保障措施。

例如，中船集团打造船舶安全运营管理系统（SOMS），实现航线优化决策、设备健康预警、船舶能效管理等功能，应用该系统的智能船与传统船型相比，推进效率可提高约3%，日均油耗可降低约4%。

第四节 "平台+轨道交通行业"

一、虚拟仿真

轨道交通行业基于工业互联网平台搭建虚拟仿真平台，构建车辆数字孪生体，在线上虚拟空间中进行工况模拟，可以实现研发设计迭代式优化。一是建立仿真模型。通过赛博空间和物理空间的映射，构建车辆

系统虚拟模型,用来展示车辆系统实时状态。二是进行工况模拟。设立不同的线路,输入工况参数,进行虚拟空间实验,确定数字孪生体的车辆性能,为物理实体提供参照。三是进行设计优化。依托虚拟仿真得到的大量数据,经过统计分析,可以促进研发设计环节迭代更新。

例如,中车株洲机车使用 ESI 集团 IC.IDO3D 仿真分析平台进行实时优化设计,为客户提供 1∶1 3D 虚拟样机审查设计,并实时传达修改,节省了大量的开发时间和成本。中车四方基于工业互联网平台协同仿真,提升了资源利用率和研发仿真验证效率。

二、协同制造

基于工业互联网全要素、全产业链、全价值链连接能力,打通人与机器之间、机器与机器之间、产线与产线之间的信息壁垒,实现生产过程最大化的协同平衡。一是人机协同。基于工业互联网平台,对机器设备进行远程监测、指挥、维护,实现人机协同作业。二是设备协同。基于平台采集生产过程数据信息,通过大数据分析优化,对生产线进行智能化改造,实现生产设备最优布局,让设备发挥最大效能。三是产线协同。基于平台数据的计算分析、智能决策,统一调配生产要素,推动跨产线协同制造。

例如,中车株机基于轨道交通行业工业互联网平台,建设转向架智能制造车间,实现人员、AGV 设备、物料、产线全部数字化对接,解决了智能制造产线之间的协作问题。11 条子生产线可达到最大化的协同平衡,转向架的构架、车轮和车轴 3 条生产线之间的相互等待时间基本为零。同时,基于平台开展柔性化生产,使小批量试制与大批量投产同步进行,推动人员成本减少 50%,生产效率提升 30.1%。

三、产业链管理

轨道交通作为一个综合性产业,其产业链十分丰富,基于工业互联网平台实现产业链的有效管理,将促进轨道交通行业资源配置优化、服务能力提升。一是供应链管理。建立供应商关系维护、对接、交流平台,严密把控市场动向,确保零部件高效供应,保障生产维修需求。二是制造链管理。加强生产制造过程的实时监测、数据采集、智能分析,提高

生产车间的洞察力。三是服务链管理。建立客户对接平台,积极交流,根据客户不断升级的需求推出个性化产品,提高企业服务能力,塑造综合竞争力。

例如,中车信息技术有限公司结合中国中车的供应链产业升级需求,优化整合中车电商平台和中车供应链采购管理资源,建设"中车购"供应链电子商务协同平台,加强供应链管理。截至2017年7月,平台交易总规模超过640亿元,合格供应商用户总数超过20000家。

四、设备健康管理

基于工业互联网平台对轨道车辆设备进行深刻洞察、设备故障精准预测、事故风险有效评估,按需安排维修计划。一是状态监测。通过传感器等感知设备,采集车辆运行过程中的状态数据,实时进行状态监测,确保车辆安全运行。二是建模仿真。利用虚拟仿真平台,进行不同工况的状态模拟,从而不断优化车辆性能。三是大数据分析。结合工作日志、历史故障、运行轨迹、实时位置等海量数据进行挖掘分析,判断可能出现故障的时间和部位,实现预测性维护。

例如,中车株机使用先进的联网技术、传感器技术,搭建数据采集和分析平台。及时了解机车的健康参数,确保车辆在安全可控的状态下运行。中车四方和国信会视合作,基于工业互联网平台建设了轨道交通装备智能运维平台,实现列车状态数据的实时采集和处理。对列车状态进行监控和故障快速告警,降低列车运维成本,保障列车的健康安全运行。

第五节 "平台+工程机械行业"

一、设备预测性维护

工程机械行业基于工业互联网平台的建模仿真、数据分析、评估诊断能力,有效评估设备健康水平,实现预测性维护。一是设备状态监测。实时采集温度、电压、电流等数据,提高设备状态洞察力,避免机械设备突发故障。二是设备建模仿真。构建设备数字孪生体,通过输入参数、

工况等数据，进行模拟仿真，优化维护方案。三是设备故障诊断。对设备工作日志、历史故障、运行轨迹、实时位置等海量数据进行挖掘分析，判断可能出现故障的时间和部位，安排维修计划。

例如，卡特彼勒基于 Uptake 开发的设备联网和分析系统，采集设备的各类数据信息，联网监控，分析预测设备可能发生的故障，实现了 300 多万台运转设备的统一管控。日立基于 lumada 工业互联网平台推出 ConSite OIL 解决方案，通过传感器将远程的故障预警率提高到 58%。徐工集团基于汉云工业互联网平台，为每台设备做数字画像，将可能损坏的零部件进行提前更换，使设备故障率降低一半。

二、备品、备件管理

备品、备件的管理一直以来都是工程机械行业不可忽视的重要部分，基于工业互联网平台，可以有效促进企业备品、备件管理迈向智能化。一是备品、备件标识管理。以物联网技术连接备品、备件，运用标签化管理、智能化检索等手段实现备品、备件的监督、跟踪和协调。二是备品、备件部门协同。基于工业互联网平台，打通各部门之间的信息壁垒，推动跨部门协作，促进备品、备件高效流通。三是备品、备件供应链管理。建立零部件供应商对接交流平台，在保障生产和维修需求的前提下，实时、定量采购，降低库存量，节约现金流。

例如，徐工集团基于汉云工业互联网平台，实现备品、备件的计划、采购、库存、供销、追溯功能一体化，通过大数据分析持续优化备品、备件管理体系，打破生产商和分销商信息孤岛，分拣效率提升了 8%，仓库利用率提升了 6%，备件库存降低了 8%，库存周转率提高了 5%。

三、智慧施工

工程机械行业正从设备本身的解决方案向现场的解决方案转变，将机器和工人连接，优化施工方案，辅助操作施工，实现智慧施工。一是现场施工数据采集。通过传感器、无人机、三维扫描仪等方式对施工对象、施工场景、外在环境等因素进行高精度感知，掌握现场施工状态。二是施工方案模拟仿真。建立虚实映射的数字孪生体，输入设立不同的施工条件，进行工况模拟迭代，不断优化施工方案。三是现场施工现场

指挥调度。建立反馈响应系统，根据设备动态变化，实时修正、调整施工方案并指挥现场施工。

例如，小松提出和实施的 Smart Construction，即智能施工解决方案，通过无人机+边缘盒子+小松云，聚焦高精度测量、设计图和测量图对比，小松云模拟确定施工计划、施工可视化等环节，实现了建筑工程状态感知、实施分析、科学决策、精准执行的闭环，从而实现远程操作服务。

四、互联网金融

基于工业互联网平台实现工程机械设备的深刻洞察、设备故障精准预测、事故风险有效评估，促进基于平台的产融模式创新。一是在线贷款。银行、金融机构通过线上平台监测施工队作业情况、承包商贷款情况和经营情况，针对性给予贷款、融资等服务。二是融资租赁。工程机械企业依托独立运作、与银行合作、与融资公司合作等方式，开始租赁业务。加快资金的流通，降低融资成本，缓解资金压力，帮助中小企业迅速做大规模。三是精准投保。保险公司依托工业互联网平台对机械设备的监测、管理能力，综合评估工程机械设备施工风险，从而实现针对性投保、按需投保、精准投保等保险服务。

例如，中联重科成立融资租赁公司，实现了设备的扩大销售，获得的营业额将占集团总收入的 20% 以上。三一集团基于树根互联根云工业互联网平台，通过融资租赁或者经营性租赁运营超过 50% 的设备，每年管理超 300 亿元的在外货款；三一集团同时与久隆、三湘银行展开合作，开发用于精准定价与风险选择的数据产品，帮助久隆保险完成 UBI 保险产品及延保产品的定价。

第六节 "平台+汽车行业"

一、研发设计协同

一是模拟仿真。汽车企业可通过在工业互联网平台部署 CAE 等功能模块，在赛博空间对汽车模型进行碰撞仿真、结构仿真和流体仿真等，降低样品试制成本，并缩短产品研发周期。二是设计数据交互。汽车企

业可应用工业互联网平台集成汽车的外观、结构、性能和电器分布等数据,实现各项设计工作跨部门、跨企业、跨区域的同步进行,保障设计方案的协调与适配,提高研发效率。三是工艺设计优化。利用工艺流程仿真等功能模块,全方位、超逼真模拟汽车加工、焊接、涂装、整装等工序,确定最优工艺方案,保障产品质量。

例如,长安汽车在美洲、欧洲、亚洲等地都建立了研发中心,通过建立以三维数字化设计和全球协同设计为核心的汽车产品智能化研发云平台,与海外设计中心进行 24 小时全天候产品联合开发,实现了跨部门、跨企业、跨区域的产品协同设计,支撑产品研发周期从 36 个月缩短至 24 个月。

二、规模化定制生产

一是用户深度参与。汽车行业搭建的工业互联网平台可以为消费者参与定制生产提供入口,协调研发部门、生产部门和采销部门根据客户定制信息,确定生产方案,实现以客户为中心的定制生产模式。二是全流程排产。汽车行业可通过工业互联网平台建立客户定制产品 BOM,并结合生产能力和时间要求,自动生成高效且可执行的生产计划。三是柔性化生产。汽车行业可以利用工业互联网平台,依据定制产品生产方案,及时切换产线布局,并协调指挥 AGV 满足不同产线的物料需求,实现规模化定制生产。

例如,荣成康派斯公司依托海尔 COSMOPlat 工业互联网平台"SINDAR 幸达"智慧房车露营生态解决方案,通过构建交互定制平台、创新设计平台、模块化采购平台、智慧售后服务平台等,让用户直接参与到房车生产的全生命周期,实现房车的大规模定制化生产,取得了良好的经济效益,综合采购成本降低 7.5%,交付周期从 35 天下降到 20 天,订单同比增长 62%,一次性交检合格率达到了 95%。

上汽大通开发了包括"我行 MAXUS 大数据平台"在内的 7 个数字化平台,可以为用户参与、用户制造提供接口,整合和匹配用户的多样化汽车配置,统一调配各生产车间协作,实现在线选配、日历订车、订单跟踪等智能定制功能,支撑实现规模化定制生产模式,助力产品上市周期减少 35%,产品交付期缩短了 20% 以上,加工及产线切换时间缩短

30%，并实现了99.8%的配置精确度。

三、产供销协同

一是"进销存"精准管理。汽车行业通过工业互联网平台可建立贯穿全产业链的沟通渠道，实时监测上游原材料供给情况和下游产品需求信息，根据精益管理要求，动态调整企业库存策略，在保障企业正常运转的基础上，实现"进销存"精准管理。二是质量追溯体系。汽车企业可基于工业互联网平台，采集汽车零配件和生产工艺信息，进行标签化处理，对产品进行全生命周期的质量管理，准确识别质量问题，并进行溯源管理，找到质量问题环节，提高产品质量保障水平。

例如，广西汽车集团通过工业互联网大数据平台搜集销售、生产、采购、物流各环节的数据，搭建起了企业全流信息化平台，实现了供应商供货—工厂生产—客户配送全程数字化，实现了产供销端的协同化，使物流作业效率平均提高了35%，单据错误率降低了85%，数据及时性提高了50%。

四、智能化服务模式

一是预测性维护。汽车企业基于工业互联网平台实时采集生产设备参数设置、应力分布等状态数据，利用故障诊断大数据分析模型，实现设备故障预警，通过实施预测性维护方案，减少非计划停机时间。二是智能营销。汽车行业可将工业互联网平台数据接口扩展至社会范围内的大数据体系，精准识别客户信息，完整刻画客户肖像，通过智能汽车等终端进行个性化推送，提升营销水平。三是个性化保养。汽车行业工业互联网平台可结合车联网实现与客户的互联互通，采集客户驾驶习惯、车况数据等信息，通过故障预警分析模型，为客户提供个性化保养方案，优化客户服务体验。四是出行服务。汽车行业工业互联网平台可通过实时监测汽车产品，动态匹配客户用车需求，简化汽车租赁流程，为客户提供完整的出行解决方案，打造高质量的出行服务生态体系。

例如，一汽基于工业互联网平台实时监测总装车间电机设备状态，通过对总装电机的预测性维护，有效避免了因非计划停机造成的损失，实现了显著的经济效益，总装电机故障预测准确率提高90%以上，预测

周期提前 7～90 天，非计划停机时间减少 10%～20%，电机维护成本节约 5%～15%。

北汽福田汽车基于 iTink 云平台通过车联网实现与客户的互联，为客户提供预测性维修保养和车队管理等高端服务，并通过打通与其他行业数据体系的流通渠道，形成包含汽车金融、ETC 管理等 360° 围绕客户服务生态体系，采取打标签的方式，精准用户画像，并依据大数据标签精准推送，进行有针对性的服务，使回客率提高 20% 以上。

第十章

消费品行业工业互联网平台发展情况

第一节 总体情况

消费品行业中消费者对产品的需求日趋多样化，这对企业智能化生产能力提出了更高的要求。规模化定制作为一种新的生产模式，依托工业互联网平台使用户参与到从产品设计到成品生产的全过程，并将用户需求直接转化为生产排单，实现以用户为中心的个性定制与按需生产，在全面综合成本、质量、柔性和时间等竞争因素的前提下，有效地解决需求个性化与大规模生产之间的冲突，成为大多数龙头消费品企业转型的方向。消费品行业竞争的实质是供应链竞争，供应链的运作能力是消费品企业不可或缺的核心竞争力和战略制高点。传统消费品企业的供应链响应周期长、响应速度慢、协同管理手段缺失，导致供应链整体运行效率低，形成过重的渠道库存，影响产品的交付周期和用户满意度。在这种背景下，基于信息化手段，依托工业互联网平台提高各环节协作效率，实现企业内外部供应链协同优化，成为消费品企业数字化转型关注的焦点。随着宏观经济增长放缓，消费需求增速明显回落，消费品企业通过不断丰富产品功能、优化产品结构，加速向附加值更高的产业链上游转移。随着新一代信息技术的快速迭代和不断成熟，消费品正从单纯的功能性产品向智能化服务系统转变，借助先进的传感器、互联网、人工智能、自动控制等技术，实时感知用户信息，通过平台化统一管理和信息交互，为用户提供全方位、定制化的家居体验，推动企业由卖产品

向卖解决方案转型，形成新的竞争优势。

第二节 "平台+家电行业"

一、柔性化生产

家电行业工业互联网平台能够快速响应用户需求，促进生产环节与用户需求的深度交互，实现柔性化生产。一是产品设计优化。通过工业互联网平台建立定制化产品设计体系，使用户全流程参与需求交互、产品设计、生产制造、物流交付等产品全过程，形成基于用户数据驱动的闭环设计系统，提升产品设计效率。二是采购供应优化。通过工业互联网平台采集汇聚传感器、设备控制器、立体仓库、AGV、物流机器人等设备数据，开展生产进度、物料管理、企业管理等深度分析，实现排产、仓储、运输和追踪的按需调度和优化。三是生产过程管控。通过工业互联网平台可与生产制造各环节建立互通互联的数据通道，通过构建生产设备、产线、材料、工艺等数字模型，利用现场数据驱动模型运行，按需优化控制生产环节、加工环节、装配环节的工艺流程、路径规划、控制参数及生产系统结构和控制程序，实现智能化生产。

例如，海尔集团依托COSMOPlat平台打造了15家互联工厂，形成以用户需求驱动的即需即供、弹性部署、横向扩展的柔性生产能力。以胶州互联工厂为例，其中，生产效率提升60%，开发周期缩短50%以上，交货周期缩短50%以上，运营成本下降20%。美的集团通过打造M.IoT工业互联网平台，构建以数据为驱动的全价值链运营，实现传统家电制造工厂到精益制造、再到智能精益制造的转型升级。以美的南沙工厂为例，其中，原材料和半成品库存减少80%，整体制造效率提高44%，产品交付周期由20多天降到最多3天。

二、供应链协同

家电行业工业互联网平台可打通产业链上下游各环节，实现跨部门间、跨企业间、企业与社会间的数据互联互通，促进资源优化配置和开放共享。一是企业内部供应链协同。通过工业互联网平台可实时获取设

备、工具、物料、人力等生产资源信息，跟踪现场物料消耗，结合库存情况进行精准配货，实现生产、库存的动态调整优化，有效降低库存成本。二是企业间供应链协同。通过工业互联网平台实时采集物联网数据、生产操作数据、供应商数据、用户感知数据和企业经营数据，通过边云协同实现供应链数据的横向集成和纵向集成，推动设计、制造、供应、服务等环节的并行组织和协同优化，形成集中采购、协同设计、电商销售、智慧物流、金融科技等创新服务。

例如，海尔集团依托平台整合研发资源、供应商资源、用户资源，构建了基于平台的共创共赢生态，为企业和用户提供包括互联工厂建设、协同制造、设备资产运维、供应链金融等服务，形成平台上供应商、企业、用户全链条的价值增值，实现由制造型企业向平台型企业的转型。其中，平台集聚供应商资源 390 万家，服务企业数量 4.3 万家，生态收入超过 151 亿元。

三、智能家居

家电行业工业互联网平台利用在产品上增加智能模块实现产品联网与家居环境感知，并利用大数据分析提供智能家居解决方案，推动企业由卖产品向卖服务拓展，有效延伸价值链条，扩展利润空间。一是智能家电解决方案。通过将边缘计算、网络通信等技术引入到家电产品中，使其具有自感知、自适应功能，基于平台实现健康节能等服务。二是家居整体解决方案。通过将各种家庭设备进行云端连接，依托平台对设备的环境数据、运行数据及用户设置数据等进行智能分析，实现家居环境控制、空气质量管理、家庭安全防护等综合服务。

例如，松下电器以智能家电作为用户数据入口，向附加值更高的产业链上游转移，通过打造基于平台的 Ora 智能家居解决方案，为用户提供从智能单品到智能家居、从智能家居到家庭装修的一体化综合服务，实现企业由"卖产品"向"卖服务"转型。其中，"家电 DNA"已延伸至住宅、美容健康、车载、系统解决方案和 B2B 业务等领域；打造的"住空间"系统解决方案，预计 2021 年营收将达到 600 亿元。

第三节 "平台+电子信息行业"

一、设备智能管理

一是设备状态监测。基于工业互联网平台采集温度、电压、电流等数据,直观展示设备实时状态,实现设备全面、实时、精确的状态感知。二是设备故障诊断。利用大数据分析技术,对设备工作日志、历史故障、运行轨迹、实时位置等海量数据进行挖掘分析,基于专家库和自学习机制建立故障智能诊断模型,实现设备故障精准定位。三是预测性维护。基于工业互联网平台分析预测设备关键部件变化趋势、产品寿命和潜在风险,提前预判设备零部件的损坏时间,主动提前进行维护服务。

例如,富士康基于 BEACON 工业互联网平台实时采集精密刀具状态数据,结合智能调机深度学习算法,实现了刀具的自感知、自诊断、自修复、自优化、自适应,使刀具寿命延长 15%。

二、研发生产管理优化

一是研发设计。基于产品的几何、工艺、功能、质量、检测、运行环境等参数,构建产品的数字孪生模型,开发者不需要实际试验测试,即可验证产品在真实环境中的性能。基于数字孪生"零成本试错"的研发创新可以有力促进我国电子信息产业的研发创新,目前我国在该领域仍处于探索应用阶段。二是智能排产。在新产品实际投入生产之前,利用数字孪生预先对生产计划排程、订单管理、质量管理、物料管理和设备管理进行建模测试,找出最优方案,可帮助企业缩短新产品导入周期,提高产品交付速度。三是精益管理。通过对企业的人、机、料、法、环的数字化、模型化、代码化,实时监控企业运行情况,发现不合理和低效的管理流程,提出改进方案,提高组织管理效率。

例如,腾晖光伏基于自建的工业互联网平台,打通企业内部设备、产线、生产、运营的数据链,结合光伏行业工业经验知识模型,对数据实时汇聚和分析挖掘,实现生产全流程优化,企业整体运营成本降低 18%,单位产值能耗降低 5%,采购成本降低 5%,产品良率提高 5%,

生产效率提高 19%，产品设计周期缩短 20%。

三、产品质量检测

一是产品质量检测。在产品生产过程中，实时采集质量检测点的检测数据，利用机器视觉、人工智能技术，结合产品质量分析模型，及时发现潜在质量问题，消除质量管理环节漏洞，实现异常品快速响应。二是产品质量全流程追溯。基于工业互联网平台，打通原料供应、元器件生产、零部件生产、组装加工、集成销售、运维等产品全生命周期的质量数据，结合质量追溯模型，实现产品全生命周期的质量跟踪，提升产品质量控制精度。

例如，华为基于 FusionPlant 工业互联网平台，实时采集检测点的手机电芯、电池、单板的数据，结合华为云 EI 服务的视觉检测模型实现柔性质检，使成品率提升到 99.55%，员工重复劳作降低 48%。华星光电基于腾讯云，运用深度学习、缺陷分类和知识图谱技术，构建面板检测模型，并使用实际生产数据优化模型，使质量缺陷识别速度提升10 倍，缩短生产周期 40%，缩减人力 50%。

四、供应链协同

一是企业内部供应链协同。基于工业互联网平台，实时采集企业内的设备、工具、物料、人力等数据，实时跟踪现场物料消耗，结合库存情况安排供应商进行精准配货，实现生产、库存的动态调整优化，有效降低库存成本。二是企业间供应链协同。以工业互联网平台为连接枢纽，实时采集供应链上下游企业的排产、生产、库存、质量、物流方面的运行数据，结合供应链协同模型，优化全供应链资源配置，实现供应链动态、精准协同。

例如，新华三基于 UNIPower 紫光工业互联网平台，整合供应链上下游的设备、加工、质量、工艺、物流等数据，结合供应链协同排产模型、库存优化模型、质量检测模型，实现跨区域、跨企业、跨部门的供应链协同。驻外包制造工厂的现场管理人员和工程师减少了 20%，外包工厂的生产操作类质量问题数则减少了 40% 以上。

模 式 篇

第十一章

工业互联网平台+数字化管理

"工业互联网平台+数字化管理"模式是指企业基于平台打通核心数据链，实现覆盖生产制造和产品全生命周期的数据贯通，构建数据驱动的高效管理模式，提升数据管理、资产管理、组织管理和运营管理能力。"工业互联网+数字化管理"模式具有以下特征：一是数据从附属产物向生产要素转化。企业可基于平台打通研发、生产、管理、服务等环节，实现设备、车间、物流等数据的泛在采集，打造状态感知、实时分析、科学决策、精准执行的数据流动闭环。二是管理从业务驱动向数据驱动转化。数字化管理从业务的数字化监测、分析、模拟和计划入手，通过数据挖掘分析，结合虚拟仿真、AR/VR 等数字孪生技术，打造真实映射物理世界的数字孪生世界，持续将业务流程标准化、精细化、可视化，实现员工、业务的集中管控和资源的统筹配置。三是组织从刚性架构向液态架构转化。数字化管理以数据流带动人才流、资金流、技术流自由流动，降低人才、资金、知识等在部门间流转的门槛限制，形成合作性强、流动性强、主动性强的液态架构，打造全员共治、自组织、自主适应的组织形态。

第一节 资产管理

一是管理可视化。基于平台对零件、设备、产线等进行 3D 建模和虚拟仿真，建立数字孪生生产线，保障生产全流程可追溯，有效提升质量控制水平。二是故障预测。通过打造覆盖全生命周期的数据流，广泛

收集设备信息，基于实时数据开展大型设备的故障预警、故障诊断等应用。三是智能分析。基于平台持续处理企业研发、生产、物流等生产经营数据，结合知识图谱、专家系统等人工智能技术开展辅助智能决策，驱动流程自动化和业务优化升级。

例如，富士康基于 BEACON 工业互联网平台连接海量设备并在核心层（边缘层）和云端进行统一管理，使管理费用降低 19.09%。GE 的例子如航空发电机、燃气轮机、风机、全生命周期管理。

第二节　运营管理

一是成本控制。基于平台围绕能耗管理、备品管理、绩效管理等开展业务优化，运用数字化工具软件打破传统工作模式，提升管理自动化、智能化水平，有效降低固定成本。二是资源优化。基于平台快速精准对接供给侧与需求侧数据信息，加强集团内部企业及上下游企业数据、技术、人才等共享水平，提升资源配置能力。三是精准营销。基于平台全方位收集客户数据，开展用户行为分析，精准描绘客户画像，挖掘潜在业务场景，为客户提供精准服务提供支撑，提供用户满意度。

例如，树根互联与久隆保险、三湘银行合作，将工业互联网与大数据分析应用于动产融资、UBI 保险等领域，实现对各档保险的精准定价。GE 基于 Predix 工业互联网平台汇聚财务、供应商、客户、员工等多种数据，基于大数据助力管理层深入分析组织现有资源结构，强化部门间沟通与合作，以交付最佳的工作成果。

第三节　组织管理

一是动态组织管理。基于平台分析架构运行效率，优化管理模式，根据业务需要动态实施分配任务、量化工作指标等，建立科学合理的赋权系统，在变化中寻求员工与企业共同生长的空间组织与个体之间的关系，形成自由组合、自由流动的组织架构。二是创新孵化管理。基于平台打破组织隔阂，将企业改造为赋能员工的平台型企业，基于大数据分析及时挖掘潜力型团队并予以资源支持，完善企业经营生态，充分激发

员工的积极性、主动性、创造性。

例如，海尔集团基于 COSMOPlat 工业互联网平台打造去中心化的自治组织，持续组织架构改革，共培育 4000 多个小微企业，2018 年实现生态收入 151 亿元，加速管理扁平化、企业平台化、员工创客化。

第十二章

工业互联网平台+智能化生产

"工业互联网平台+智能化生产"是基于工业互联网平台实现新一代信息技术与工业生产各环节的深度融合渗透,全面提升设备、产线、服务的智能化水平,形成具有自感知、自学习、自决策、自执行、自适应等功能的新型生产方式。一是设备智能化。企业传统信息化架构是机器、PLC/DCS、SCADA、MES、ERP/MRP 五级架构,主要解决工业生产自动化问题。工业互联网平台推动传统工业物联技术从边缘控制向边缘计算演进。二是生产柔性化。传统生产线是专线专用的自动化产线,工业互联网调用工业机理模型,灵活确定每个配件的生产路线和工序,从而实现混线生产,提升生产线敏捷和精准的反应能力。三是优化动态化。传统工业生产优化过程为企业对上一周期的生产运转情况进行定期优化,工业互联网平台实时对生产进行调整优化,实现动态交互的生产优化。

第一节　智能设备

一是设备状态监测,基于工业互联网平台采集温度、电压、电流等数据,直观展示设备实时状态,实现设备全面、实时、精确的状态感知。二是设备故障诊断,利用大数据分析技术,对设备工作日志、历史故障、运行轨迹、实时位置等海量数据进行挖掘分析,基于知识库和自学习机制建立故障智能诊断模型,实现设备故障精准定位。三是预测性维护,基于工业互联网平台分析预测设备关键部件变化趋势、产品寿命和潜在

风险，提前预判设备零部件的损坏时间，主动提前进行维护服务。

例如，徐工集团基于汉云工业互联网平台，为每一台设备做数字画像，将可能损坏的零部件进行提前更换，使设备故障率降低 50%。发那科 AI 热位移校正线切割机床，通过检测机器运行期间环境温度或发热情况，结合机器学习技术，不需要人工干预，机器自动分析和校正温度变化引起的热位移，与传统做法相比，此举加工精度提高了约 40%。

第二节 智能产线

一是离散行业企业基于工业互联网平台，打通基于 CAD/CAE/CAM/PDM 的产品设计环节和基于 DCS/MES 的生产制造环节，打通工业设备监控操作层和生产运营管控层的数据流通路径，实现设计制造协同、生产管理优化、设备健康管理、产品增值服务、制造能力交易，提升企业生产制造全过程、全产业链的精准化、柔性化、敏捷化水平。二是流程行业企业在实际生产前，利用数字孪生技术对原材料配比和工艺流程进行全方位模拟仿真，优化原料配比参数和装置优化路径，在实际生产过程中，基于过程控制和制造执行系统对生产过程进行状态监测、故障诊断、预测预警、质量控制以及节能减排管理，实现生产过程的集约高效、动态优化、安全可靠和绿色低碳。

例如，惠普公司利用西门子 Xcelerator 从生产和设计的数据中建立产品和性能的数字孪生，实现决策过程的闭环，从而持续优化产品设计和制造过程，使打印机的打印喷头冷却机的流速提升 22%，打印速度提高了大约 15%，产品研发速度提升 75%，部件成本降低了 34%。商飞基于工业互联网平台结合 5G、射频、VR 等技术，构建基于数据驱动的产品、设备、工装、物流、人员、刀量具等生产要素全过程管控，实现对生产环境、生产状态、复合材料等全方位跟踪与优化，提升生产的智能运营管理，零配件定位误差缩小在 3 厘米以内，运营成本降低 20%，生产效率提高 20%以上。阿里联合恒逸石化构建工业大脑，通过对历年锅炉燃烧数据的深度学习，推算出最优的锅炉燃烧参数，燃煤发电效率提升 2.6%，在节煤方面增加了数千万元收入。

第三节　智能服务

一是供应链风险管理，利用知识图谱技术，汇聚和分析影响供应链的各种关键风险因素，识别和预判供应链管理的风险点，自动提出降低供应链风险的建议以辅助决策，保障供应链稳定。二是产品质量检测，利用机器视觉和深度学习技术，构建具有学习能力的图像识别模型，并用海量产品照片来训练模型，逐步迭代和提高图像识别模型的认知能力，为工业流水线带来了精准度高、速度快、稳定性高的质检服务。三是精准营销，利用大数据用户画像，了解客户需求偏好、行为偏好、渠道偏好，在广告产品推送中直达目标客户，提供差异化营销服务，提升客户体验。四是智慧物流，利用深度学习和全局最优化技术，对物流的运输网络、仓储布局、运力排程、动态调度、道位排程等进行全局地动态优化，实现车辆装载、运力资源、运输效率、仓储运作的最优化，提升物流运作效率，降低物流运作成本。

例如，日本 Macnica.ai 公司与 VAIO 合作，构建供应链知识图谱，通过企业语义网，实现供应链风险管理与零部件选型，提升供应链风险管理水平。华星光电基于腾讯云，运用深度学习、缺陷分类和知识图谱技术，构建面板检测模型并使用实际生产数据优化模型，使质量缺陷识别速度提升 10 倍，缩短生产周期 40%，缩减人力 50%。上汽安吉物流将人工智能技术用到汽车物流供应链中，综合考虑客户需求、可调配轿运车数量、装载率、客户交货期、道位时间段、装载组合、最早可利用时间、拼车的先长后短、物流分公司的运输量比例、小型车后配载等，实现上汽集团汽车物流每年降本增效 2%～5%。

第十三章

工业互联网平台+网络化协同

"工业互联网平台+网络化协同"是指依托工业互联网平台，开展协同设计、协同制造、协同运维、供应链协同等业务，加速构建大配套、大协作的网络化协同体系，实现研发、制造、管理、运维的一体化协同。一是协同设计。以统一模型、统一数据源进行信息传递，将串行、单一管理模式扩展为广义研发领域多主体协同，形成跨地域、多专业、多学科高度融合的业务协同研发模式。二是协同制造。依托工业互联网平台，整合部件生产厂、组装厂等生产资源，构建网络化制造系统，推动生产订单与产能高效匹配。三是协同运维。依托工业互联网平台，采集、监测、分析产品全生命周期数据，实现服务能力跨部门、跨企业调度和协同。四是供应链协同。依托工业互联网平台整合上下游资源，建立产供销各方的物流、信息流和资金流协同一体的运作体系，提供面向客户的库存管理、零部件管理、实时补货和物流配送等服务。

第一节 协同设计

一是基于模型的设计（MBD）。面向需求分析、架构设计、方案设计、详细设计、仿真验证等场景，以统一模型和数据源进行信息传递，实现设计、制造、供应、运维的协同，缩短研发周期，提高研发效率。二是集成研发流程（IPD）。将串行、单一管理模式扩展为广义研发领域多主体协同，围绕需求、架构设计、方案设计、详细设计、仿真验证的一体化，形成跨地域、多专业、多学科高度融合的业务协同研发模式。

例如，长安汽车在美洲、欧洲、亚洲等地都建立了研发中心，通过建立以三维数字化设计和全球协同设计为核心的汽车产品智能化研发云平台，与海外设计中心进行 24 小时全天候产品联合开发，实现了跨部门、跨企业、跨区域的产品协同设计，支撑产品研发周期从 36 个月缩短至 24 个月。华为在引入 IPD3 年之后，高端产品上市时间从 70 个月减少到 20 个月，中端产品从 50 个月减少到 10 个月，低端产品降低到 6 个月以下，研发费用占总收入的百分比从 12%减少到 6%，研发损失从 25%减少到 6%。

第二节　协同制造

一是云制造。依托工业互联网平台，整合部件生产厂、组装厂等生产资源，构建网络化制造系统。将复杂产品的生产任务按照流程、工序、结构等特征，分解为部件生产、焊接、组装等进程，并依照工厂的人员、设备、产能等属性和市场需求合理配置生产任务，推动生产订单与产能高效匹配。二是云排产。根据市场、厂区、库房的动态信息协同定制生产计划，及时调整生产所需的人、机、料、法、环等配套供给，保障按质、按量、按时交付产品。三是共享制造。借助互联网平台的双边连接作用，打破行业壁垒、打通行业信息不对称，实现制造业闲置设备、技术和人才的供求合理化、高效化匹配。

例如，商飞构建基于工业云的飞机研制系统平台，推动全球近 150 个一级供应商之间进行数据交互，实现基于统一数据源的设计、制造、供应一体化协同。西飞通过资源、信息、物料和人的高度互联，确保工艺流程的灵活性和资源的高效利用，成功将整机制造周期压缩到 15 个月左右。

第三节　协同运维

一是人员和设备协同。依托工业互联网平台，采集、监测、分析产品全生命周期数据，分析运维需求，定制服务进程，动态调配人员、设备，实现服务能力跨部门、跨企业调度和协同。二是运维知识协同。依

托工业互联网平台，推动专家库、工具库、运维知识库、客户信息库等服务资源共享，规范运维流程，保证运维质量，实现"用户提出需求，集中供给服务"的新型服务模式，提升运维服务在线化、网络化、协同化水平。

例如，生意帮通过网络众包分包、精准供应链匹配、全生命周期品控等，为创客团队、外贸公司、工厂等提供高性价比的供应链解决方案，涉及模具加工、五金加工、表面处理和成品采购等，有效缩短工期、提高效率、降低成本，实现制造业委托外加工环节生产力的智能调度和统筹优化。

第四节 供应链协同

一是精准化供应链。制造企业依托工业互联网平台整合上下游资源，建立产供销各方的物流、信息流和资金流协同一体的运作体系，提供面向客户的库存管理、零部件管理、实时补货和物流配送等服务，实时响应客户交付需求。二是社会化供应链。基于平台的供应链协同管理不断向产业链上下游拓展，推动跨企业、跨地区、跨产业链的数据共享、信息互通、业务协同，实现社会化制造资源的动态优化配置。

例如，石化盈科依托工业互联网平台，对生产进度、质量、原油采购等进行监督和管控，提高供应链的反应速度、匹配精度和调运效率，降低原油采购成本，减少成品和在制品的库存，加快供应链反应速度。航天云网平台可交易 14 大类 66 小类生产制造能力、12 大类 139 小类实验试验能力、3 大类 30 小类计量检测能力，实现社会化生产能力的合理分配。

第十四章

工业互联网平台+个性化定制

"工业互联网平台+个性化定制"是指企业基于工业互联网平台打通用户需求与研发设计之间的数据流,构建覆盖产品全生命周期的数据贯通体系,以数据自由流动带动企业内各部门人力、物力、财力等资源协调配置,低成本、高效率、全方位地满足用户个性化、碎片化、多样化需求。一是用户中心化。当前,企业价值链正加速由以产品为中心向以用户为中心转变。用户由被动接受标准化产品向主动主导产品供给转变,深度参与产品设计、制造和装配等环节,大幅提高消费自由度。二是数据贯通化。企业基于平台将用户定制数据贯通产品全生命周期,串联起研发、生产、运维等部门,为协调各类资源开展个性化定制服务提供重要支撑。三是生产可控化。企业基于平台整合用户多样化定制需求,提升研发设计、生产制造、原料供应等环节的快速响应和柔性切换能力,开展高精度、高可靠、高质量的个性化定制服务。

第一节 少品种大批量定制

家电、服装、汽车等行业面向用户积极开展少品种大批量个性化定制服务。企业为敏捷响应用户个性化需求,基于工业互联网平台加速将碎片化、通俗化的需求信息转化为标准化、可执行的工艺语言,驱动研发、生产、运维等部门协调配置制造资源,开展智慧化营销、交互式设计、可视化生产和精准化服务等,实现制造资源与用户需求全方位、全生命周期精准对接。

例如，海尔集团是家电行业开展个性化定制服务的领军企业，其中海尔沈阳电冰箱厂通过部署 COSMOPlat 工业互联网平台，将客户作为产品生态系统的核心，深刻重塑客户关系，实现了整个价值链的端到端连接，使定制产品不合格率降低 59%，定制产品按时交付达到 100%，直接劳动生产效率提高 28%，企业营业收入上涨 44%。红领集团基于一体化的开放式互联网定制平台——RCMTM，只要 5 分钟就可以采集人体 19 个部位的数据，依托数据库内 3000 亿多个版型数据，快速调出与客户身材相匹配的西装版型，使企业设计成本减少了 90% 以上，生产成本仅比规模化生产高出 10%，生产周期缩短近 50%，接近零库存经营，经济效益提升数倍。

第二节　多品种小批量定制

航空、船舶等行业面向用户企业积极开展多品种小批量个性化定制服务。企业基于工业互联网平台推动重点产品数据库开放共享，准确梳理和分析用户企业对产品材料、结构、性能等方面的个性化需求，将复杂产品需求拆分为标准化、通用化、模块化的零部件和产线配置，提升高端产品模块化设计、柔性化制造、定制化服务能力，提高用户企业满意度。

例如，中航第一飞机研究院在新飞豹飞机研制中，全面采用数字样机技术，将全机 5 万多个零件、43 万个标准件、487 个关键件的三维数模直接用于数字化研发设计，大幅提高了飞机各部件模块化设计水平，高效实现飞机定制性能，使设计周期缩短 60%，设计返工减少 30%，保证了飞机研制进度。外高桥造船有限公司在豪华邮轮设计方面建立了全球大型协同设计平台，与国外设计公司开展全球化协同设计，并实现与船东之间的图纸送审协同，根据船东反馈不断完善设计方案，实时响应船东定制需求，设计效率提高了 30%。

第三节　"小作坊式"单件定制

面向模具、工艺品等加工精度高、交付周期短、定制水平高等用户

需求，积极开展"小作坊式"单件定制服务。企业基于工业互联网平台可统筹建设线上服务中心和运营线下消费体验中心，明确用户定制需求，并将需求数据贯穿设计、生产、服务等产品全生命周期，自动生成3D打印等先进工艺代码参数，快速生产出结构复杂、工艺先进、功能完备的单件定制产品。

例如，共享装备股份有限公司3D打印智能成形工厂，基于"云+网+厂"的新一代铸造智能工厂架构，连通铸造3D打印设备、AGV、桁架机器人等智能装备，并在行业云上实现业务集成，实现金属定制模具一次打印完成，成品率提高20%～30%，铸件生产周期缩短50%，生产效率提高3～5倍。航天云网3D打印云平台，可为用户开放多工艺、多材料、多应用的一体化3D打印应用解决方案，实现产品快速迭代，缩短供需距离，减少设计制造沟通时间，使"所想即制造"变为可能，助力企业大幅缩短定制产品需求响应时间，提高客户满意度。

第十五章

工业互联网平台+服务化延伸

"工业互联网平台+服务化延伸"是指企业基于工业互联网平台创新经营模式，开展设备服务、供应链服务、综合解决方案服务等延伸业务，加速从"卖产品"向"卖服务"转变，实现企业沿价值链向高附加值环节跃升。一是企业定位从制造商向服务商转变，企业业务范围从单纯的生产加工向提供设备运营维护、支撑业务管理决策、满足客户多样化需求等服务环节延伸，增强用户黏性，拓展服务价值空间。二是产品形态从产品向产品服务系统转变，产品本身的价值差异逐渐缩减，市场需求正从产品导向向产品服务系统导向转变，亟须制造企业研发智能网联产品、产品服务系统，增加产品附加价值。三是商业模式从短期交易到长期服务转变，制造企业逐渐从"交钥匙工程"式的短期交易向长期运维服务转变，形成贯穿产品全生命周期的跟踪服务，增强用户黏性，提升企业核心竞争力。

第一节 产品效能提升服务

一是设备健康管理。基于平台汇聚生产设备的制造工艺、运行工况和状态数据等数据，不断沉淀、优化设备故障诊断、预测预警、健康管理等模型。二是工业产品远程运维。基于平台采集整合产品设计、运行、环境等数据，提供故障诊断、故障预测、寿命预估等服务。三是设备融资租赁。依托工业互联网平台采集设备运行情况、实时工况等设备数据，整合企业生产经营等业务数据，建立客户经营、信用等大数据分析模型，

开展信用与质量评级。

例如，徐工集团基于汉云工业互联网平台，为每一台设备做数字画像，将可能损坏的零部件进行提前更换，使设备故障率降低一半。日立基于 Lumada 工业互联网平台推出 Consiteoil 解决方案，通过传感器将远程的故障预警率提高到 58%。

第二节 产业链条增值服务

一是现代供应链管理。依托工业互联网平台开发集中采购、供应商管理、柔性供应链、智能仓储、智慧物流等云化应用服务，推动制造企业和供应链各主体各环节信息流、资金流、物流、商流对接的无缝化、透明化和一体化，推动供应链企业业务流程的规范化、标准化。二是分享制造。围绕制造能力的集成整合、在线分享和优化配置，基于平台开发部署制造能力在线发布、实时对接和精准计费等工业 App，推动制造能力的可计量、可协同、可交易，面向全行业提供制造资源泛在连接、弹性供给、高效配置等服务。三是互联网金融。依托工业互联网平台采集产业集聚区内制造企业生产经营等业务数据，建立客户经营、信用等大数据分析模型，开发部署客户经营状况预测等工业 App，开展企业信用评级，估算企业坏账概率，指导银行做出贷款决策。

例如，三一集团基于树根互联根云工业互联网平台开展供应链管理服务，使下游经销商年备件库存成本降低超过 3 亿元，年生产性服务收入超过 30 亿元。中联重科成立融资租赁公司，实现了设备的扩大销售，获得的营业额将占集团总收入的 20% 以上。

第三节 综合解决方案服务

一是智能工厂综合解决方案。机械、船舶、汽车等离散行业，应基于平台提升制造单元、加工中心、生产线和车间的全面感知、设备互联、数据集成、智能管控水平，促进生产过程的精准化、柔性化、敏捷化。冶金、石化等流程行业，应基于平台提升生产全过程工艺控制、状态监测、故障诊断、质量控制和节能减排的智能化水平，促进生产过程的集

约高效、动态优化、安全可靠和绿色低碳。二是创新创业综合解决方案。基于工业互联网平台，整合企业内部及产业链上下游研发、制造、管理、商务、物流、孵化等创业创新资源，推动工业全要素的数字化改造、在线化汇聚和平台化共享，赋能企业内部或者中小企业开展创业创新。

例如，海尔 COSMOPlat 工业互联网平台打造大规模个性化定制工厂样板，将自身经验对外开放，面向全球、全行业提供用户全流程参与的大规模定制转型服务解决方案，实现跨行业、跨领域生态赋能，提供大规模定制社会化服务，助力企业转型升级。海尔 COSMOPlat 工业互联网平台推出了 15 大互联工厂样板，复制到了电子、纺织、机械、建材、交通、化工等 15 个行业、12 个区域和 20 个国家，为全球用户提供衣、食、住、行、康、养、医、教等全方位的美好生活体验。

第十六章

工业互联网平台+零工经济

"工业互联网平台+零工经济"是指企业基于工业互联网平台创新经营模式，开展设备服务、供应链服务、综合解决方案服务等延伸业务，加速从"卖产品"向"卖服务"转变，实现企业沿价值链向高附加值环节跃升。一是雇用关系从合同关系向合作关系转变。工业互联网平台推进数据驱动的数字化管理，为劳动者打造任务明确、量化考核、关系自由的工作平台，打破工业时代以来形成的雇用模式和工作方式，助力更多企业降低人力成本、更多个体实现自身价值。二是交易内容从体力交易为主向知识交易为主转变。工业互联网平台通过推动技术原理、行业经验、基础工艺等知识的模块化、软件化，优化开发环境、研发工具、微服务组件等资源供给，推动工业知识在更大的范围、更高的频次、更短的路径上创造、交易、传播。三是商业模式从要素驱动体系向创新驱动生态转变。工业互联网平台能够汇聚各方创新资源，帮助企业降低搜寻人力资源和研发技术的成本，提升开放式创新水平，加快应用大数据分析、人工智能等技术实现创新服务对接，通过外部链接打破创新边界束缚，加快产业链和价值链重塑。

第一节　面向第三方开发者的开源社区

一是开发资源支持。企业基于工业互联网平台搭建工业应用技术开源社区，封装工业技术原理、行业知识、基础模型，并以微服务组件方式提供调用，为第三方开发者提供基础数据、开发工具、应用环境等支持。二是供需服务对接。企业基于平台采用众包市场的方式吸引开发者

提供工业模型设计、工业机理梳理、工业 App 开发等服务，借助外部创新力量推动技术应用突破，加快技术在具体工业场景中从量变转向质变，形成以数据驱动、解耦式架构、全流程闭环反馈、快速响应为特征的新型工业技术体系。

例如，东方国信、华为、阿里云等平台企业建设工业互联网开源社区，对第三方开发者提供云环境、机理模型、研发工具等资源，为开发更多面向用户的创造性应用提供支持。

第二节 面向创客的制造业"双创"孵化平台

一是公共资源汇聚。企业基于平台开展企业自我革命，减缓组织创新层面的活力下降，广泛汇聚政产学研用等创新资源，打造面向内部创客的服务服务平台，助力企业自身持续开放创新边界。二是内部创客孵化。企业通过打造平台市场，鼓励创客开展品牌、营销、IT、知识产权等内部服务和外部市场拓展，并选择有潜力的团体及时予以渠道、资金、技术、管理等孵化支持，实现"人人创客"的企业转型战略。

例如，海尔集团打造面向创客开放的双创平台，开放海尔产业生态资源，提供人力、技术支持、商务咨询、供应链、市场渠道、物流等专业服务，快速满足用户需求。数据显示，创业项目在进入海创汇平台后，供应链成本下降 30%，收入则增加 50%，更有 50% 的项目估值得到提升。

第三节 面向中小企业的协同外包服务平台

一是资源协同共享。企业依托平台采集、监测、分析产品制造的全生命周期数据，动态分配人员、设备等资源参与各环节服务，开展分包、集中服务等新型服务模式。二是项目协同管理。企业基于平台将大型计划分解成小环节、小任务，推动人、机器、业务、产品互通，以数据流带动技术流、人才流、资金流，充分利用外部中小企业服务能力，提升项目协同管理水平。

例如，生意帮基于平台为超过 1.2 万家企业提供协同制造外发订单的总包分包服务，实现订单 3 天下料、3 个月产品小批量上架，大大缩短了小批量产品的生产周期，加强了制造行业资源的智能调度和统筹优化。

第十七章

工业互联网平台+共享制造

"工业互联网平台+共享制造"是指企业基于工业互联网平台,通过推动所有权与使用权分离,以隐性服务能力的市场化实现闲置资源的高效配置,促使工业制造、创新、服务能力进行效率导向的按需分配。一是能力可计量。过去,制造、创新、服务能力是不可计量的,工业互联网平台对制造、创新、服务的能力按照时间、产品、精度、数量等维度准确计量,使基于平台的能力交易成为可能。二是能力可协同。闲置资源的空间分布是碎片化的,资源可利用时间是动态变化的,充满不确定性。工业互联网平台可实现分散资源的精准匹配,支撑构建协同化的生产制造和服务模式。三是能力可交易。工业互联网平台降低了交易的搜寻成本、物流成本、制度成本、支付成本、信用成本,促进了隐性服务的市场化,助力实现制造能力在线发布、制造资源弹性供给、供需信息实时对接、能力交易精准计费。

第一节　制造能力共享

一是制造资源在线汇聚。大型企业基于工业互联网平台盘点、剥离、集成、整合闲置的制造能力,实现生产加工、计量检测、测试认证、物流配送等制造资源的在线汇聚、计量和发布,提升制造能力的集成整合水平。二是制造资源弹性配置。企业将生产设备接入工业互联网平台,按使用时间、价值或按工件数量等计费方式,面向全行业提供制造资源社会化共享服务,实现制造资源的泛在连接、弹性供给和高效配置,提升制造能力的集成整合、在线分享和优化配置水平。

例如，基于航天云网 INDICS 平台，不同制造工厂之间可交易 14 大类 66 小类生产制造能力、12 大类 139 小类试验能力、3 大类 30 小类计量检测能力，实现不同所有者的制造能力在不同区域之间的协同共享，实现"人人皆可制造"。

第二节 创新能力共享

一是线上研发设计资源的共享。企业基于工业互联网平台将技术、经验、知识和最佳实践固化封装为工业互联网平台的工业机理模型和工业 App，实现开发工具、工业机理模型、工业 App 等研发设计资源的积累沉淀和广泛复用，形成研发需求在线发布、研发资源在线共享、研发业务在线协同的新型研发体系，降低工业创新门槛。二是线下研发设计资源的共享。企业基于工业互联网将分散、闲置的实验仪器、检测设备等线下研发资源汇聚起来，在线有偿、分时段、有序地开放和共享，提升线下研发资源利用效率。

例如，海尔基于 COSMOPlat 工业互联网平台共享设计工具、工业机理模型等研发设计资源，研发设计人员可以直接调用海尔开放的平台，进行协同式的研发设计。平台的开发者超过 10 万人，链接用户 3.4 亿，链接企业 50 多万家，形成多方参与、交互体验的研发设计生态。

第三节 服务能力共享

一是行业共性服务能力共享。大型制造企业基于工业互联网平台，整合物流仓储、产品检测、验货验厂、金融资本、方案咨询、检测认证等共性服务资源，满足企业普遍存在的共性服务需求，整合海量社会服务资源，探索发展集约化、智能化、个性化的服务能力共享。二是孵化服务共享。大型制造企业基于工业互联网平台发挥市场、品牌、渠道等优势，提供面向中小微企业的技术培训、品牌宣传、市场推广等孵化服务，增强中小微企业市场竞争能力，形成大中小企业融合融通的服务生态。

例如，荣事达基于工业互联网平台，围绕品牌、技术、制造、资金、市场、信息、人才、管理、文化等领域，为初创企业提供全方位的精准扶持孵化服务，其赋能服务的初创企业的存活率接近 100%。

第十八章

工业互联网平台+现代供应链

"工业互联网平台+现代供应链"是指通过开展供应链协同、柔性供应链、智慧物流等业务，加速构建供应链上下游企业合作共赢的协同发展机制，降低企业经营和交易成本，全面提高产品和服务质量。一是供应链协同。通过工业互联网平台建立互通互联的数据通道，动态监测供应情况，辅助原材料采购决策，搜集分析订单和产品定制信息，生成生产计划，对产品进行个性化加工和精准化配送。二是柔性供应链。运用大数据技术评测供应链不同节点的生产制造能力、质量保障能力、交付进度、合格率等指标，健全质量管理体系，完善质量追溯制度，实现对供应链各环节产品质量的精确管控。三是智慧物流。基于平台对接制造企业、物流企业，开展物流信息发布、在线交易、智能分析等物流服务，提升分拣打包效率，降低库存周转天数和发货时间，形成成本低廉、响应敏捷、科学有序的现代物流体系。

第一节 供应链协同

一是供应链物料流通协同。通过工业互联网平台可与上下游企业建立互联互通的数据通道，动态监测上游原材料供给情况，辅助原材料采购决策，搜集整理下游企业订单和产品定制信息，自动生成生产计划，对产品进行个性化加工和精准化配送。二是社会化供应协同。通过工业互联网平台整理订单信息和企业的基本信息，通过订单共享实现供需对接，吸引供应链上中下游多方主体基于平台开展协同，提升供给侧协作能力和社会化水平。

例如，南京钢铁积极适应下游个性化需求，通过构建面向供应链管理的制造云平台，提供"JIT+C2M模型的定制服务"，寻找"个性化定制"和"大规模生产"之间的最佳平衡点，使企业设计成材率提高0.15%、每吨产品附加值提升近百元、整票合同兑现率提升至98.94%、用户满意度提升至94.26%。

第二节 柔性供应链

一是质量追溯。运用大数据技术评测供应链不同节点的生产制造能力、质量保障能力、交付进度、合格率等指标，健全质量管理体系，完善质量追溯制度，实现对供应链各环节产品质量的精确管控。二是"零库存"模式。基于平台对接供应链和生产计划，推动原材料供应、备品备件、生产计划、生产操作与市场需求的高度协同，增强上下游企业应对市场变化的反应速度和调整能力，实现原材料和半成品的"零库存"，降低企业资金成本。

例如，徐工集团基于汉云工业互联网平台，实现备品备件的计划、采购、库存、供销、追溯功能一体化，通过大数据分析持续优化备品、备件管理体系，打破生产商和分销商信息孤岛，分拣效率提高8%，仓库利用率提高6%，备件库存降低8%，库存周转率提高5%。

第三节 智慧物流

一是备品、备件标识管理。基于平台连接备品、备件，运用标签化管理、智能化检索等手段实现备品、备件的监督、跟踪和协调。二是智能化物流管理。基于平台对接制造企业、物流企业，开展物流信息发布、在线交易、智能分析等物流服务，提升分拣打包效率，降低库存周转天数和发货时间，形成成本低廉、响应敏捷、科学有序的现代物流体系。

例如，海尔COSMORRS智慧物流平台通过最优化管理，实现物流运输、库存管理、区域配送和用户配送的物流全价值链的全流程可视化监控，保障物流运作全流程的安全管控，实现与用户的全流程信息交互闭环优化，降低物流成本，提高物流效率，提升客户体验和满意度。

第十九章

工业互联网平台+工业电子商务

"工业互联网平台+工业电子商务"是指企业基于工业互联网平台和工业电子商务平台之间的互联互通,加强生产数据与业务数据、用户数据的精准对接,统筹各部门资源协调配置,推动制造业价值创造模式不断升级。一是交易对象从实体产品向制造能力迁移。工业互联网平台通过与工业电子商务数据互联互通,实现制造能力在线发布、智能检索和精准对接,提高制造资源配置效率和产业链整体协作水平。二是商业模式从产品交易向用户交互迁移。工业互联网平台与工业电子商务平台融合融通发展,有利于协调产业链各环节,以用户为中心提供高质量、有温度、全流程的交互服务,提高用户满意度和忠诚度,打造供需双方协同互动、共创共赢的产业新生态,深刻重塑工业电子商务运行模式。三是经济范式从规模经济向范围经济迁移。在工业互联网平台和工业电子商务的共同作用下,制造业产品和服务的多样性将得到全面提升,高效满足用户个性化、差异化定制需求,带动经济发展范式由规模经济向范围经济迁移,推动全社会范围内资源无缝对接,为经济发展注入新动能。

第一节 集采集销

各领域龙头企业依托供应商、渠道、客户等资源优势,基于工业电子商务平台和工业互联网平台互联互通,面向行业用户的采购销售需求提供在线交易、支付结算、物流配送等服务,推动产业链上下游企业订

单、生产、库存等信息的精准对接，实现物资编码标准化、供应商管理一体化、采购需求协同化、采购流程规范化，确保企业间供应链协同和业务协同，提高产业链整体采购销售数字化、网络化、集约化水平。

例如，中国航空工业集团有限公司建立航空工业电子采购平台，针对不同类型的物资，支持开展超市化、集成化和专家化等网络采购。对于大宗物资，采用联合采购模式，由需求量大、议价能力强的单位牵头，其他需求单位共同参与价格及服务规范谈判，各单位均按需采购。截至目前，平台注册采购企业超 300 家，覆盖集团主要三级企业，注册供应商超 2 万家，累计交易金额超 1273 亿元。

第二节　垂直行业电商

电商平台企业深刻把握工业电子商务在不同行业中的扩散规律和渗透趋势，加速与垂直行业工业互联网平台形成数据互联互通的协作体系，面向钢铁、汽车、电子等重点行业开展网上交易、加工配送、技术服务、支付结算、供应链金融、大数据分析等服务，进一步降低交易成本、优化产业结构、提升资源配置效率，提高特定行业电子商务社会化、专业化、一站式服务水平。

例如，欧冶云商平台集资讯、交易结算、物流仓储、加工配送、投融资、金融中介、技术与产业特色服务等功能为一体，积极促成与首钢、本钢、唐钢等企业深度对接，基于平台提供仓库动态查询、网络个性交易、在线订单预售等服务，2019 年钢材总交易量达 2.35 亿吨，同比增长 95%。

第三节　工厂直销

服装、家具、家电等行业基于工业电子商务平台和工业互联网平台互联互通，实现终端用户与生产端企业直接对接，整合营销渠道，开展网络直销、社交电商等直销业务，面向用户提供销售报价、订单跟踪、物流查询、售后运维等综合服务，有效缩减产品流通环节，加快形成敏捷高效、动态感知、准确响应的网络直销体系，提升企业的核心竞争力。

例如，三一集团自建"三一发发"电子商务平台，为终端用户提供线上线下相结合、传统产品与新品相结合、产品与服务相结合的平台化服务体系，对新品、非热卖品等产品进行网络直销，实现厂家直抵终端，有效提升三一品牌的知名度，打破传统的销售壁垒，广阔覆盖市场空白，推动新品快速推广，拉动线下整体销售增长，并有效拓展维修和保养业务新空间。

第二十章

工业互联网平台+产业链金融

"工业互联网平台+产业链金融"是指制造企业依托平台打通数据孤岛，与金融机构合作开发金融产品，开展融资租赁、互联网信贷、精准投保等业务创新，不断完善产业链金融生态，提高资金的流转和使用效率。一是服务主体从金融机构向平台企业转变，平台企业通过汇聚生产制造、物流运输、管理经营等海量数据，建立信用评估模型，针对不同企业给予评级，联合银行、投融资机构开展金融服务，极大降低了信息不对称性，有针对性地满足了金融信息需求。二是服务渠道从线下业务到线上服务转变，随着新一代信息技术的融合应用，金融服务创新实践不断加速，服务渠道持续拓展，基于工业互联网平台的信息共享、高效对接，实现低门槛、高收益的线上资金融通、支付和投资。三是服务对象从单一企业到链群企业转变，基于工业互联网平台，将核心企业、供应商、经销商与金融机构利益紧密联系起来，降低金融风险甄别成本，拓展金融服务范围，打造覆盖产业链上下游的金融服务模式。

第一节 融资租赁

一是智能化信用评级，基于平台采集设备运行、生产环境、销售运输等数据，建立完善的客户经营、信用等大数据分析模型，降低企业信用评级成本。二是数字化渠道对接，基于平台快速对接有购置生产设备等需求的企业承租人及有理财需求的自然人、金融机构和非金融机构，解决金融服务中的信息不对称问题，在更大范围内实现资金供需的对接

匹配。三是网络化资金流监控。基于工业互联网渠道，投放资金给设备供应商、施工单位等需求方，同时对资金的流通和使用进行合理监控，保障资金的高效利用。

例如，中联重科基于平台成立融资租赁公司，实现了设备的扩大销售，获得的营业额占集团总收入的20%以上。三一集团基于树根互联根云工业互联网平台，通过融资租赁或者经营性租赁运营的设备超过50%，年在外货款管理额超300亿元。

第二节　互联网信贷

一是贷款辅助决策，基于平台采集产业集聚区内制造企业生产经营等业务数据，建立客户经营、信用等大数据分析模型，指导银行做出贷款决策。二是自动业务办理，基于工业互联网平台，进行无人工或极少人工干预的全流程线上自动运作，实现极速审批放贷，提高贷款效率，拓宽金融客户覆盖面。三是智能风险评估，基于平台创新金融风险评估手段，依托平台海量数据资源，建立大数据分析和评估模型进行风险评估，降低金融风险。

例如，天正工业基于自主研发的 I-Martrix 工业互联网平台，创造性地将工业设备数据与风险评估、信用评级等业务相结合，迄今为止共连入3万多台设备，先后帮助2000余家小微工业企业获得授信，授信金额累计超过30亿元。

第三节　精准投保

一是拓展保险业务范围，鼓励保险机构针对核心企业上下游的风险特征，基于平台提供抵质押、纯信用等多种形式的保证保险业务，在风险可控的前提下为产业链上下游中小微企业获取融资提供增信服务。二是开发保险创新产品，根据设备的历史工时、设备维修数据，以及对当前设备运行状况和时间的监测等信息，基于平台开发 UBI 保险、延保产品等新型保险产品，有针对性地提供保险服务。三是优化设备投保服务，鼓励保险公司基于平台对设备产品进行大数据分析，综合评估设备

施工风险、产品健康状态，实现针对性投保和按需投保，拓展服务范围。

例如，久隆保险开发了基于物联网的设备开工不足损失保险、UBI 定价保险、设备延保等 10 余款创新性保险产品。依托物联网数据，以更精准的数据、更低的成本来做保险业务，采用 UBI 产品来降低客户的保费支出。

设备上云篇

第二十一章 炼铁高炉上云

第一节 痛点问题

一、设备管理低效

钢铁企业通常部署炼铁高炉等众多高价值设备,数字化水平普遍较低,亟须增强自感知、自分析和自决策等功能。传统的高炉管理主要采取事后维护或定期维护,难以实时监测高炉等设备的温度、压力、流量等各种工况数据并准确识别设备故障,容易造成产线停滞和生产安全等重大问题。

二、环保管理粗放

钢铁行业是高耗能、高污染、高排放的代表性行业,在国家大力治理环境污染的背景下,面临着环保成本急剧上升的压力。在传统模式下,企业采集、监测的炼铁产线设备能耗和排污情况,难以精准确定重点问题环节,清洁发展水平不高。

三、工艺知识高度隐性

钢铁行业是典型的长流程行业,生产环节众多、工艺复杂,对工艺知识、经验的依赖程度很高。钢铁企业冶炼工艺、冶炼配方等决策只能依靠隐性生产经验,容易造成工人操作水平参差不齐和产品质量波动,对生产效率具有重要影响。

四、设备互联水平低

钢铁企业内部、上下游企业之间设备信息孤岛问题严重，互联互通水平较差，容易造成上下游企业间的信息盲区，使钢铁企业很难做出科学高效的采销决策，难以减少库存、提高产能利用率。

第二节 典型应用场景

一、高炉故障诊断

推动炼铁高炉上云，可实时采集高炉等高价值设备的运行数据，结合设备故障诊断模型，自动预警设备故障并确定最优设备维护方案，实现设备健康管理。一是设备状态监测。实时采集高炉设备工作温度、应力分布和工作环境等状态数据，并做可视化处理，增强设备状态监测的实时性和可靠性。二是设备故障预警。综合利用采集的高炉设备状态数据，结合炼铁高炉故障诊断模型，对设备故障进行分析和预警，避免发生高炉烧穿、高炉爆炸等生产事故。三是炼铁设备维护仿真。精准确定设备故障位置和重要性，在赛博空间中仿真模拟维护方案，提高设备维护效率。

例如，宝武集团面向钢铁行业设备远程运维建立了工业互联网平台，推动炼铁高炉等设备上云上平台，促进了设备维修实现从被动处理到主动管控、从单一数据专项分析到大数据综合分析、从基于经验的预防性维修到基于数据的预测性维修、从单纯反馈设备状态到提供整体解决方案的四个转变，为企业带来了显著经济效益，使设备运维成本降低5%以上，检修作业效率提升10%以上，设备整体效率提升5%以上，备件使用效率提升10%，且每年为企业带来基于平台增加的社会市场技术服务费2000万元以上。

宝武装备智能科技有限公司通过智能传感、工业物联、数据挖掘、人机交互等先进技术，率先开发了铁区设备远程智能运维云平台，将设备状态与生产工艺相结合、将智能传感与5G相结合、将炼铁工艺机理与人工智能（AI）技术相结合，对炼铁63093台套设备按照重要程度、运行状态、可监测度、经济性进行多维度分类梳理，确定41104台设备

可通过远程运维进行管理。目前，宝钢股份炼铁厂关键设备运维远程化率达到 65.1%，设备突发故障趋向于零，停机时间缩短 20%以上，人员负荷下降 20%以上，备件库存下降 6%以上，构建了面向未来的远程、智能、高效设备运维新模式。

二、高炉绿色生产

推动炼铁高炉上云，可以实时监测能耗和排污情况，提高环保管理的精准性和科学性，实现清洁低碳的绿色化生产。一是节能降耗。采集高炉等炼铁产线设备能源消耗类型、速度、时间等数据，基于高炉能效优化模型，精准优化设备能源供给，降低能耗成本。二是治污减排。动态采集炼铁高炉排放的废水、废气的总量、成分、时间等数据，结合各环节化学反应模型，深入分析问题环节，综合确定工艺优化和设备升级方案，减少对生态环境的污染和破坏。

例如，酒钢集团是我国西部最大的钢铁联合企业，其原燃料主要依赖自产，原燃料质量差并且波动幅度大，高炉类型多样化，因反应器"黑箱"特性，其能耗成本和环保成本一直居高不下。在实施了东方国信炼铁云平台后，炼铁高炉等设备数据在云端汇聚，提高企业优化绿色发展水平，助力酒钢集团单座高炉每年减少碳排放 20000 吨。东方国信预期整个钢铁行业在推行 Cloudiip 平台后，每年将为我国钢铁行业降低 100 亿元成本和 1000 万吨碳排放。

三、生产工艺优化

推动炼铁高炉上云，可实时采集高炉工况数据，与工业互联网平台中的工业机理模型进行对接，优化生产决策，实现智能化生产。一是生产工艺优化。基于高炉状态、物料、产出等经验数据优化炼铁工艺模型，依托炼铁高炉实时数据，动态优化原料配比、装料制度等生产决策，优化生产工艺方案。二是生产过程管控。采集炼铁过程中的物料检验数据、操作工艺数据、运行状态等数据，结合过程管控模型，实时优化生产过程，自主决策并控制高炉运行参数。三是产品质量管控。利用机器视觉等技术，结合质量检测、质量管理等模型，对采集到的产品全过程质量

数据进行深入分析，实现全流程产品质量跟踪及自动控制。

例如，东方国信利用在行业机理和大数据分析领域积累的技术优势，基于炼铁高炉上云，将采集的生产数据和机理模型相结合，在工艺优化、生产管控和质量管理等环节为钢铁企业实现了降本增效的经济目标。酒钢集团在实施炼铁平台之后，铁水质量稳定性提高了20%，平均单座高炉每年降低成本2400万元，冶炼效率提升了10%。

鞍钢股份积极推动炼铁高炉上云，通过引进业内先进技术，运用数字测温、三维激光雷达、热成像等技术对高炉炉缸、冷却壁及炉内等关键部位的数据进行实时在线监测，根据各高炉的设计、生产和操作特点，从热力学、炼铁学、冶金物理化学等机理层面开发高炉数字模型，实现高炉的高效稳定生产，建立了合理的管理标准，有效控制了煤气流分布，减少异常工况的发生，提高了煤气利用率，降低炼铁成本3元/吨，目前已完成两座高炉的改造，而且正在逐步推广。

四、产线协同管控

推动炼铁高炉上云，可实现全产业链中高炉设备的互联互通，汇聚产业链上下游信息，结合上游物料供给和下游需求情况，依据高炉生产状态，制定科学的物料采购与生产计划，在一定计划原料库存的情况下，实现采购、生产与销售的协同，降低产线整体生产成本。一是产业链物料流通协同。采集炼铁高炉原材料消耗和铁水产出数据，结合智能排产模型自动生成生产计划，实现企业物料动态平衡。二是社会范围生产能力协同。基于炼铁高炉上云推动全产业链高炉运行数据集成共享，结合订单共享、产能平衡等机理模型，动态匹配产品性能要求和钢厂的生产工艺水平，提高炼铁高炉的设备利用率。

例如，北京智冶互联科技有限公司为兴澄特钢搭建企业私有云平台，推动以高炉为中心的铁前产线生产管理数据上云，同时也建立了基于配料机理及大数据分析的"市场—采购—生产"一体化协同配矿体系，助力兴澄特钢实现关键数据（检化验、生产、采购库存等数据）采集超过97%，并为其提供基于成本最优、止损等定制服务。寻找外围市场和厂内原料库存与生产之间的最优采购与配料方案，使企业每吨铁配矿成本降低6.88元，单条年产150万吨的烧结高炉生产线年降低成本344

万元，提高铁水质量 8.8%。

宝信软件基于工业互联网平台，依托中国宝武大数据中心，建设高炉互联智控平台，通过宝武集团内大跨域广连接多高炉信息链、资产链、价值链的全景展示和融合应用，实现集团内 40 座在役运行高炉（3000m³ 以上高炉数量占全国 40%，服务高炉的生铁产量占全国 11%，占世界的 7%）的生产数据互联互通、数据汇集、远程监视、智能对标、高炉画像（竞争力评价）、数据挖掘和生产优化，有效支撑宝武集团各个基地炼铁一体化协同运作。

第三节 推广前景

当前，我国钢铁行业有 1000 余座炼铁高炉，仅有 30% 的高炉已接入云平台，能耗水平较高，环保压力日益增大，上云推广市场空间巨大。据统计，2019 年我国高炉炼铁焦比为 366.26kg/t、燃料比为 535.95kg/t，均落后于国际先进水平。2020 年，我国钢铁行业的碳排放量占全国碳排放总量的 15% 左右，是迫切需要实现绿色低碳发展的重点行业。推动炼铁高炉上云，可实时采集设备工况数据，结合大数据、人工智能等新兴技术，开展高炉设备状态检测、故障预警、远程运维等智能服务，提高能耗水平和绿色生产水平。预计到 2025 年，炼铁高炉上云普及率将超过 45%，使设备平均能耗降低 2%，CO_2 排放量减少 1 千万吨以上。

第二十二章

工业锅炉上云

第一节 痛点问题

一、能效管理粗放

工业锅炉是工业生产中必不可少的热能转换设备,也是典型的高耗能设备。我国工业锅炉的效率低下,实际运行热效率往往低于理想热效率,比国外先进水平低15%~20%,造成每年多消耗的煤炭约为两亿吨。我国燃煤锅炉占全国工业锅炉总量的85%左右,燃煤锅炉污染物的排放是重要污染源,年排放烟尘、二氧化硫、氮氧化物分别占全国排放总量的33%、27%、9%。如,10t/h以下燃煤工业锅炉大多没有配置有效的除尘装置,基本没有脱硫脱硝设施,排放超标严重,偷排现象突出。

二、燃烧状态不透明

煤粉燃烧过程工艺复杂,控制参量多,自动化控制技术复杂,实际操作以人工操作为主,大多数煤粉工业锅炉尚未实现煤粉储供、煤粉仓安全保护、炉膛安全检测、负荷调节、在线吹灰控制的有机集成以及全自动运行。监控系统功能基本上处于本地集中运行监控,运行监控和生产管理之间及时通信网络尚未连通,生产管理系统无法及时了解热源厂实际生产情况。

三、安全隐患高

工业锅炉是一种特种的专业化设备,但是因为专业技术人员匮乏,缺乏对其性能与参数的专业性诊断,局部问题的存在很容易引发重大安全隐患。企业大多按照时间制订工业锅炉检修计划,而非按照工业锅炉的运行状态制订锅炉检修计划,这就直接加大了工业锅炉出现故障的概率,大大降低了可用性。

四、水质波动大

工业锅炉采用的天然水中由于含有镁、钙、氯等离子以及溶解氧,天然水进入锅炉中在高温、高压条件下发生化学反应,导致锅炉产生结垢、腐蚀以及汽水共腾等现象,严重影响了锅炉的导热效率,增加了燃料的消耗,影响锅炉的水循环,甚至导致爆炸事故的发生,严重影响了锅炉的安全稳定运行。数据显示,当水垢厚度达到 3.0mm 时,锅炉燃料消耗增加 20%以上,我国工业锅炉大约有七十多万台,每年造成的资源浪费相当巨大。当前,我国锅炉水质合格率比较低,锅炉内受热结垢现象比较普遍,每年因水处理问题造成的锅炉事故数量正在逐年增加。

第二节 典型应用场景

一、锅炉能效管理

工业锅炉的能效管理是企业成本控制的重要方面,利用云平台的工业机理模型和人工智能算法,对锅炉能耗的智能管理与优化,可有效降低企业成本。一是能效数据的采集。实时采集排烟温度、炉膛出口氧量、飞灰含碳量、大渣含碳量、燃煤收到基含碳量、燃煤收到基水分、燃煤收到基灰分、燃煤收到基挥发分、燃煤低位发热量、燃烧器喷口的风速、燃尽风挡板开度和磨煤机电耗等影响锅炉热效率和氮氧化物排放量的关键数据。二是锅炉能效分析模型的构建。基于工业锅炉设备结构和热平衡模型,结合大数据算法和人工智能技术,构建工业锅炉能效分析模

型，分析影响锅炉节能运行的排烟损失、不完全燃烧损失、散热损失、燃料与给水等关键因素，动态分析锅炉能耗水平。三是"感知—管控—再感知—再管控"的良性循环。一旦系统判断某锅炉处于高耗能运行状态，便会自动发送报警信号，并直观准确地显示造成该状态的关键因素，管理人员可以及时调整优化节能方案，实现"感知—管控—再感知—再管控"的良性循环。

例如，和利时在永泰源热电公司部署锅炉燃烧优化控制系统，利用模糊控制、自动寻优、机器学习、卡边控制等技术，优化锅炉工艺操作和控制，实现锅炉给煤、一次风、二次风的二维优化，各项燃烧控制指标波动比手动调节降低30%，减少氨水和石灰使用量3%以上，提高锅炉效率2%以上，提高锅炉的经济效益2%左右。

东方国信构建工业锅炉的数字孪生体，基于在云端汇聚的工业锅炉数据，对工业锅炉进行工序协同、工艺优化和能效管理，实现工业锅炉综合能效提升20%。

二、锅炉燃烧管控

锅炉燃烧管控对锅炉机组低负荷安全运行至关重要。影响锅炉燃烧效率的因素很多，包括风粉配合、一二次风配比、送引风配合、炉膛温度等，如何将它们进行综合调整和优化，达到最佳配比，是锅炉燃烧管控需要解决的问题。一是对制粉系统和燃烧系统的数据采集。制粉系统的状态数据包括磨煤机出口压力、电流、料位、燃烧器风粉温度等；制粉系统的动作数据包括给煤机的给煤量，磨煤机冷热风、旁路风等阀门的开度大小，一次风机动叶调节阀位大小等。燃烧系统的状态数据包括主、再热蒸汽温度、压力，减温水流量，炉膛负压，锅炉氧量，排烟温度，排烟含氧量，锅炉效率，NO_x含量等信息；燃烧系统的动作数据包括给水温度、流量，减温水流量，再热烟气挡板阀位，送、引风机执行器阀位，二次风执行器阀位等。二是锅炉炉内燃烧模型的构建。基于传统热力学过程和化学反应等机理，结合大数据算法和人工智能技术，构建锅炉炉内燃烧模型。三是锅炉炉内燃烧模型的训练。使用历史数据训练基于深度神经网络的锅炉燃烧模拟器，再进行深度学习，评价当前工况，既能模拟真实的燃烧过程，也可以用其探索燃烧控制优化问题中的

状态及动作空间，弥补真实历史数据的不足，最终得到当前工况的锅炉优化控制方案，实现锅炉内着火迅速、燃烧完全，减少锅炉各项热损失，提高锅炉效率。

例如，湖北三宁化工股份有限公司积极推动工业锅炉上云，在 2×75t/h CFB 锅炉上部署锅炉汽机控制优化软件，在云端将专家策略、人工智能与锅炉燃烧的实际情况相结合，优化锅炉燃烧，提高锅炉运行的稳定性和安全性，实现自动回路投入率大于 99.16%，重要工艺参数工艺合格率大于 99.94%。

东方国信的锅炉云平台，通过机理模型和大数据分析算法，优化 NO_x 排放指标，实现脱硝效率的最大化和经济效益的最大化，解决负荷波动时的锅炉燃烧稳定性，减少负荷波动，实现 NO_x 排放达标率≥99%，燃料消耗量降低 8%～12%。

三、锅炉健康管理

工业锅炉在长期运行中，其性能和健康状态不可避免下降，如果不能及时发现其退化或异常，轻则造成设备失效或故障，重则造成财产损失和人员伤亡甚至环境破坏。一是锅炉安全预警。采集工业锅炉的温度、压力、液位等关键安全数据，并结合检修数据，对工业锅炉运行状态进行实时动态监测。结合锅炉安全预警模型，一旦判定锅炉安全异常，立即以电话、短信等形式向锅炉管理员发出警示，指导处置。二是预测性维护。采集实时的锅炉工况、历史维修记录、锅炉维护的先验知识等数据，利用人工智能技术，结合物理退化模型和经验退化模型，构建锅炉寿命预测和维修决策的预测性维护模型，及时检测到设备异常并预测设备剩余使用寿命，设计合理的最优维修方案，降低维修成本，减少停机时间。三是在线测量预警及调整。通过新增可靠性高、准确度高的测量设备，监测原有锅炉未监测的腐蚀相关数据，比如 H_2S 浓度、HCl 浓度、二噁英浓度等。将测量结果与燃烧机理结合，实时提供优化调整建议；并建立测量结果与腐蚀速率之间的模型，对易腐蚀位置进行寿命预测及预警。

例如，上海锅炉厂通过对锅炉四管进行详细分段，从壁厚磨损、高温蠕变、氧化皮、应力裂纹等 4 个维度进行了精确到锅炉各管段的寿命模型，依托实际运行数据进行寿命预测，通过历史检修数据修正预测模型，目前锅炉关键受热面各管的寿命预测准确率能达到85%以上。

四、水处理优化

高效除垢是提高锅炉传热效率、维护锅炉安全运行的一项重要工作。水垢降低了锅炉受热面的传热效率，使锅炉受热面温度升高，当超过金属所能承受的温度时，金属锅筒、管壁等受热面会发生鼓包、穿孔和破裂等事故，严重影响锅炉安全运行，降低锅炉的使用寿命。一是实时监测水质。利用水质在线监测仪表等智能传感器，实时采集锅炉水的溶解氧、pH值、磷酸根、电导率、硅等参数，并上传到工业互联网平台上。二是水质分析和决策。利用水处理控制模型，对水质参数和水量进行智能分析，自动生成水质优化处理方案。三是智能加药。输出水质优化处理信号到锅炉的上位机系统和PLC系统，实时智能调节化学药剂的浓度添加和剂量，达到最佳水处理效果。

例如，东方希望包头铝业对155MW机组锅炉汽水加药系统进行了智能化改造，将锅炉实际运行数据上传到云端，化学值班员在云端远程设定每台锅炉给水pH值，使给水pH值稳定在9.2±0.1范围内，实现了汽水指标的精准控制。同时，原来8人四班三倒的工作模式，现在只需要1名化学值班员夜间监测4次运行参数，大幅提升了劳动效率。

第三节 推广前景

我国是全球工业锅炉生产应用数量最大、应用范围最广泛的国家。2021年1—2月全国工业锅炉产量为54884.4蒸发量吨，同比增长59%。我国工业锅炉容量小、数量大、布点散、能耗高，各生产厂家、检验机构和监管部门对自己的锅炉设备无法做到集中管理和控制，使得设备使用运行状态不明，产品维护成本高，发生故障定位维修时间长，产品升级换代缓慢。推动工业锅炉设备上云，可实时采集设备工况数据，结合大数据、人工智能等新兴技术，开展锅炉能效管理、锅炉燃烧管控、锅炉健康管理等智能服务，实现设备集中管理控制，改善能耗水平和绿色生产水平，因而工业锅炉上云的市场推广空间巨大。2020

年 5 月，国家市场监督管理总局（国家标准化管理委员会）发布《工业锅炉能效限定值及能效等级》（GB24500—2020），并于 2021 年 6 月 1 日起正式实施，这将加速推动工业锅炉上云改造的步伐。预计到 2025 年，上云工业锅炉将超过 70%，工业锅炉上云改造的市场空间约为 2300 亿元。

第二十三章

石油化工设备上云

第一节　痛点问题

一、设备能耗高

　　石油化工是高耗能的产业，其能耗量在我国行业耗能中排第五位，位列金属冶炼、建材、化工和电力之后。石化企业中工艺设备是生产加工的主体，因此设备能耗是全厂能耗最重要的组成部分。据统计，大型炼厂的全厂能耗组成中，85%～90%为设备能耗，因此对主要耗能装置进行有效的能耗管理是石化企业节能减排的重点。在传统模式下，企业难以实时采集、监测、分析设备能耗情况，不能精准确定重点问题环节。

二、安全风险高

　　石化行业的生产设备具有危险性，一旦设备在运行的过程中出现异常高温、高压、设备腐蚀泄漏的情况，会引发火灾或者爆炸事故，造成人员伤亡。传统的设备管理方式为定期检查和定期维护，企业连续生产期间很难及时了解设备内部情况并准确识别设备故障，从而给安全生产造成重大隐患。

三、停机损失大

　　石油化工属于流程行业，一旦某一设备发生设备故障而非计划临时停机检修，将造成整个生产装置的全面停产（或大幅度减产），企业的

经济效益损失十分严重。通常，一次较大的设备事故（例如压缩机组转子损坏）的直接经济损失大约为百万元以上，间接经济损失（例如装置产值损失及开、停车放空损失）大约为数千万元。

四、运维难度大

石化大机组等设备价值高，而且零部件多、结构复杂、故障形式多样，运维难度较大。传统的以设备或测点为对象的监测技术，单一的参数指标不能全面体现设备故障特征，导致设备出现异常，不能快速定位。同时，由于石化设备复杂，对维修人员的技术和经验要求高，缺乏经验的维修人员对机组检修难以一次合格，存在二次检修现象。

第二节 典型应用场景

一、设备节能降耗

石油化工是高耗能的产业，对石油化工设备进行有效的能耗管理是石化企业节能的重点。一是关键耗能设备的数据采集。针对加热炉、压缩机、泵等关键耗能设备，采集排烟温度、热负荷、燃料类型、热效率、燃料流量、折标系数、空气过剩系数、压缩机的流量、出入口温度、出入口压力、轴功率、扬程、输送液体密度等能耗数据。二是节能降耗的模型构建与耗能分析。利用大数据和人工智能技术，结合工业机理和专家知识，构建石化设备能耗模型，分析耗能的关键因素，找出能耗最低的工艺参数来指导实际设备生产，提高关键耗能设备的维护精度。

例如，恒逸石化与阿里云合作推动石化设备上云，通过对恒逸石化历年锅炉燃烧数据进行深度学习，推算出最优的锅炉燃烧参数，实现了燃煤发电效率提升 2.6%，在节煤方面增加了数千万元收入。

二、设备安全预警

设备隐患与故障轻则影响生产，重则容易引发安全事故。实现设备故障风险评估，合理安排处置优先级和措施至关重要。一是设备关键安全参数的数据采集。利用传感器等智能终端，实时采集石化设备运行过

程中的工艺参数、维修记录以及振动等数据，在云端总结提取设备生产过程中的各种风险因素。二是设备安全预警模型的构建与训练。基于石化设备运行机理、行业标准，结合设备管理领域的专家知识和实践经验，应用工业大数据算法和人工智能技术，构建重点设备运行、工艺报警、现场报警、作业安全、隐患管理、工艺平稳率等一级、二级设备安全预警模型，并通过对设备历史数据的挖掘、自学习、训练识别设备的健康安全边界，实现对设备健康实时计算分析、故障预警与自动诊断。三是设备安全预警与优化。基于上云石化设备的实时运行数据和设备安全预警模型，实时分析设备关键零部件的健康情况，一旦出现设备运行异常和安全风险，提前安全预警，并给出降低设备安全风险的优化方案，指导管理人员操作。

例如，大连恒力石化基于工业互联云平台对 PTA 装置压缩机组、高危泵等重要设备进行智能监测，通过实时采集设备的振动与关联的工艺数据、边缘计算，构建设备机理与自学习模型，实现对设备健康实时计算分析、故障预警、自动诊断，设备安全预警准确率95%以上，有效确保设备安全。

山东京博石化基于 supOS 工业操作系统建立了包括事故事件管理、隐患管理、工艺平稳率、重点设备运行、工艺报警、现场报警、作业安全和安全领导力等 8 个一级指标和 30 个二级指标。根据不同的风险权重，从公司和车间两个维度为每个指标赋予不同的扣分系数，经复杂的计算提炼，从而形成可视化、可对比、可执行、可预警的设备的故障风险评估体系。安全指标从上线之初的-1500多，提升并稳定在目前的+70以上；逾期未处理隐患从上线之初的 140 个左右，下降并稳定在目前的个位数。隐患平均处理时间从上线之初的 4.6 天，降低至目前的 3.8 天。

三、设备预测维护

推动石化设备上云，可实现石化设备全生命周期的故障预测和主动维护，降低设备非计划停机的损失。一是设备全生命周期的数据采集。采集石化设备全生命周期的历史故障、故障数据模型、维修记录设备振动与关联工艺实时数据等，以及设备部件结构、参数、功能、机理等数据。二是设备预测性维护模型的构建。基于设备机理、行业标准、专家

知识，应用人工智能、自学习机制并结合知识图谱技术，构建石化设备预测性维护模型。三是设备故障预测和主动维护。基于上云石化设备的实时运行数据和设备预测性维护模型，对设备健康实时计算分析、预测石化设备关键零部件健康变迁与劣化趋势，预判零部件的损坏时间和剩余使用寿命，实现主动、及时、提前地开展设备维护服务，避免抢修与过度维修，减少非计划停机。

例如，镇海炼化开展云上泵群监测，对 52 套装置 1700 余台高危泵远程实时状态监测及诊断，及时发现泵群设备故障信息，2019 年主动分析异常 107 起，建议拆检 40 多起，经检修验证与诊断结论相符，确保装置安全、稳定、长周期运行。

石化盈科建设了大型机组管理云平台，对中石化各分公司 400 余台关键离心式压缩机组开展集中监控，提供典型故障智能诊断、专家远程会诊和检维修指导服务，有效减少机组非计划停机损失约 30%。

大连恒力石化工业互联网设备智能化平台开展实时、智能化健康计算分析，实现数据采集、边缘计算、数据传输、健康计算、故障预警、自动诊断、专家协同、维护指导服务闭环智能化运行，关键部件故障预警与自动诊断准确率 95%以上，有效支撑企业预测维护体系的建设。

四、设备操作模拟

石化设备结构复杂，运维难度大，对维修人员的技术和经验要求高。一是设备运维模拟。在云端构建石化设备数字模型，结合可视化技术，开展模拟的石化设备的机组拆装、机组试车、应急处置等设备运维培训，提高人员的设备运维技能，保证机组检修一次合格。二是设备操作路径优化。基于石化设备数字孪生体，在实际炼化生产前，对工艺配方、工艺流程等全方位模拟仿真，优化石化装置的操作参数，优化石化装置的操作路径，得出最优的炼化生产方案。

例如，石化盈科大型机组管理云平台中内置 MCL 和 BCL 大型机组三维仿真模型，结合 VR 技术开展机组拆装、机组试车、机组操作、应急处置等可视化模拟操作，在中石化应用以来，有效提高中石化员工的设备运维水平。

中石油云南石化在实际开工前，在云端对开工原油的炼化工艺流程

进行模拟分析，明确炼化设备的各项操作参数，从而指导生产操作，实现了常减压装置 1 次开车成功，制氢联合装置核心设备投产 1 次成功。

第三节　推广前景

当前，我国石化行业能耗水平较高，环保压力日益增大，市场推广空间巨大。推动石油化工设备上云，可实时采集设备工况数据，结合大数据、人工智能等新兴技术，开展设备状态检测、安全预警、预测性维护等智能服务，改善能耗水平和绿色生产水平。预计到 2025 年，上云石化设备将超过 90%，并使设备平均能耗降低 30%，甲烷排放量减少 20%以上。

第二十四章 柴油发动机上云

第一节 痛点问题

一、核心部件依赖进口

柴油发动机为了达到柴油的自燃温度,需要比汽油发动机更高的压缩比,对发动机各有关零件的结构强度和刚度有更高的要求,尤其是在高压力条件下精准控制喷油量和喷油时刻,对柴油机的喷油泵与喷油嘴制造精度要求极高。我国柴油发动机核心设备和系统依赖进口,自主研发生产能力不足,与欧洲、美国、日本等国家和地区的产品有较大的差距。

二、设备服役工况复杂

柴油发动机作为中间件,广泛配套在其他产品中,是汽车、农业机械、工程机械、船舶、内燃机车、地质和石油钻机、军用设备、通用设备、移动和备用电站装备等的主要配套动力。面对复杂多变的工作环境和功率要求,目前柴油发动机的型号种类难以适应各种工况下的专业化需求,造成不必要的能耗浪费,降低能量转化效率。

三、设备故障率较高

柴油发动机是高精度动力设备,每个工作循环都经历进气、压缩、做功、排气4个冲程,由于受到燃油质量、操作、环境、负荷等其他因素的影响,会出现很多不必要的故障。柴油发动机的故障种类很多,如

启动困难、运转异常、运转的功率不正常、转速异常、振动强烈等,其故障诊断主要依赖相关技术人员的经验和现场检测,费时费力。

第二节　典型应用场景

一、智能研发

推动柴油发动机上云,基于产品全生命周期海量数据支撑,有利于汇聚优势资源,突破关键核心技术短板,促进柴油发动机产品迈向高端化。一是数据贯通。基于工业互联网平台,通过边缘感知,实现柴油发动机运行数据实时采集分析,为产品全生命周期管理提供数据支撑。二是设计仿真。基于柴油发动机设备上云的海量数据基础,构建柴油发动机仿真模型或数字孪生体,通过参数设置、模拟实验不断优化设计,缩短研发周期。三是协同研发。基于工业互联网平台构建柴油发动机研发云生态,促进全球范围内顶级柴油发动机制造商、高端研发人才、优质企业用户等力量,共同攻克难点。

例如,潍柴动力搭建起了全球协同研发平台,通过开发工具、知识、数据信息的云端共享,促进研发工程师在同一平台进行设计,实现六国十二地协同研发,确保企业技术水平始终紧跟世界前沿。

二、在线管理

推动柴油发动机上云,实时采集发动机运行参数,经过可视化处理,推送到计算机终端或者移动终端,可以帮助用户实时掌握发动机健康水平,实现远程运维。一是设备连接。通过接入柴油发动机本身系统或者安装传感器的方式,推动不同区域、型号、工况的柴油发动机实现泛在互联。二是可视化展示。基于新一代信息技术,对柴油发动机数据信息做可视化处理,通过终端大屏、AR/VR等方式进行简约展示,帮助维修人员直观掌握设备健康状况。三是远程调控。根据柴油发动机设备状态,建立数据分析模型,进行大数据分析计算,不断优化设备工作功率、时长,延长设备寿命。

例如,广柴通过与树根互联合作,在船用发动机上安装物联盒,读

取出原本柴油发动机上监控系统的运行参数并上传至云端，用计算机或手机实时获取每台柴油发动机的功率、实时运行的转速、定位等参数，掌握航行在海洋深处的船舶发动机真实的运行情况，降低约 30% 的设备管理成本，缩短 20% 左右的设备管理反应时间。

三、预测性维护

推动柴油发动机设备上云，实时监控柴油发动机运行状态，构建健康诊断、预测预警、故障评估等模型，建立快速故障响应机制，实现柴油发动机智能维修。一是状态监测。通过对底层设备的识别，加装传感器硬件，通过网络连接完成数据采集，建立大数据平台，在线监测设备状态。二是预测预警。构建柴油发动机健康诊断模型，基于过往的运行指标和参数，对设备状态参数的对比分析来识别设备潜在故障风险，进行实时的健康评估和风险预警。三是智能维护。通过信息系统或人工介入的方式，提前完成柴油发动机设备预防性维护，降低故障发生的频次，确保设备稳定运行。

例如，北京福田康明斯利用汽车发动机中的传感器监测到发动机运行状态，通过工业互联网平台对客户日常运行数据进行采集分析，利用数据故障信息及位置信息监控服务商维修时长及维修真实性，提供维修建议，拓展产品服务边界，提升客户服务效能。

第三节 推广前景

柴油发动机应用广泛，是重型汽车、大型客车、工程机械、船舶、发电机组、航空航天等设备的重要配套设施，经过十多年的发展，逐渐形成了完整的生态体系。柴油发动机行业的发展在很大程度上取决于相关终端产品市场情况，随着全球机械化、智能化进程加快，汽车、农用机械、高端装备等行业的兴起，全球柴油发动机需求总量将稳定上涨，预测将以 5% 的速度向前发展。面对日益突出的环境污染、产能浪费和故障频发等问题，推动柴油发送机设备上云，通过大数据分析、模型计算，实现设备的在线监测、智能运维、共享研发、迭代优化，将会直接产生巨大的经济效益和社会效益。

第二十五章

大中型电机上云

第一节 痛点问题

一、设备利用效率低

大中型电机被广泛应用于生产制造、城市交通和物流运输等不同行业，是各种复杂系统的重要动力装置。但是受限于工艺千差万别、系统匹配不合理、长期低负荷运行、调节方式落后、工况复杂多样等因素，我国大中型电机系统在运行过程中损耗较多电能，实际运行效率比国际先进水平低10%~20%，设备利用效率提升空间巨大。

二、设备维护成本高

电机系统是一个包含电机本体、拖动设备、控制装置、管网设施等综合系统，在温度、湿度、压强等环境参数不一的各种复杂工况中运行，设备故障频率较高。在主要依托人力资源开展设备维护的传统方式中，人力维护成本和备品、备件管理成本居高不下，电机设备计划外停机时间较长，影响其他生产设备正常运转，会给企业带来巨大经济损失。

三、设备安全风险大

电机设备是一种专业的高功率电器，其检修运维需要专业技术人员和丰富实践经验，设备产品安全风险较高。如果安全管理不规范或工作人员操作不当，电机设备容易发生设备倾斜、设备砸人等引发的机械风

险，漏电等引发的电击风险，短路等引发的火灾风险，以及辐射风险等，导致重大人员伤亡和财产损失。

四、设备能耗成本高

据测算，目前我国工业能耗约占总能耗的 70%，其中电机能耗占工业能耗的 60%～70%，考虑非工业电机能耗，电机实际能耗约占总能耗的 50%以上，是名副其实的"用电大户"。我国电机产品在设计的精细化、制造的智能化、质量的标准化等方面明显不足，高效节能电机普及率不高，实际运行功率难以监测，能耗成本普遍较高。

第二节　典型应用场景

一、电机状态监测

推动大中型电机设备上云，可以实时采集和监测设备运行数据和环境参数，打通设备之间数据流通渠道，实现设备状态实时监测。一是设备数据采集。加快智能传感器、工业网络等基础设施部署，精准采集电机设备的电流、电压、频率、振动、噪声、温度、时间等运行参数。二是设备互联互通。推动电机设备与其他设备数据的云端汇聚，消除各类生产设备间的数据孤岛问题，实现设备数据的集成共享和全局可视。三是设备状态监测。基于采集的各类设备参数，完善设备数字画像，实现设备运行时间、环境等动态数据的数字化和可视化，实时反映设备的运行状态。

例如，ABB集团通过智能传感器将低压电机与工业互联网相连接，从而实现对电机的连续监测。传感器可以便捷地贴附在电机上，将电机振动、温度、负载和能耗等关键数据传输到云端。数据显示，这款智能传感器解决方案可减少高达 70%的电机停机时间，将其使用寿命延长高达 30%，并通过优化电机性能降低能耗达 10%。

山东产研智能电机研究院开发的网格化"环保管家"监管服务云平台，通过对生产和环保设备的驱动电机增加物联终端实现设备运行实时检测、生产和环保工艺联动建模、用电数据 AI 分析，结合环保部门停/

限产管理要求，实现 100%实时监管和异常预警；辅以数字地图、消息推送、统计图表等功能帮助环保部门对所辖区域的环保治理情况做到无死角、能闭环的全面掌控。在服务于环保监管的同时，为企业提供了电机运行状态检测、故障诊断、健康管理、能源优化和工艺合理性分析等增值服务，帮助企业达到改善设备管理、优化工艺、节能降耗的目的，实现了政府监管和企业提升的"双赢"。

二、电机故障预警

推动大中型电机设备上云，可基于实时采集的设备状态数据，结合工业机理模型挖掘并预警设备故障，减少设备计划外停机时间。一是设备数据分析。应用大数据、人工智能等新兴技术，对采集的设备数据建立科学的故障分析模型，为电机维护提供科学依据。二是设备故障预警。结合电机设备故障分析模型，精准预测设备故障位置、时间，减少设备停机时间，全面优化检修流程。三是设备虚拟运维。以设备故障位置、时间为基础，在赛博空间对设备运维方案进行全角度、多方位的仿真验证，确定最佳设备维护方案。

例如，中科森尼瑞开发了电机预测性维护系统，基于电机设备上的各种传感器，将各类电机运行参数准确上传至云端，全面监控电机运行状态，基于电参量和非电量两类数据对电机进行预测性维护。在基于电参量进行预测性维护方面，通过利用电机电流频谱分析法（MCSA）以及人工智能（AI）预测方法，可实现电机设备实时故障诊断与异常预测，能够有效降低巡检成本50%，减少运维人员50%。在基于非电量进行预测性维护方面，通过利用电机设备振动数据，采用设备振动频谱分析法以及人工智能（AI）分类方法，实现设备在线故障诊断与预测，初期预测准确率高达60%。

三、电机智能运维

推动大中型电机设备上云，可加快部署高精度智能传感器，实现设备无人智能巡检、精准远程运维和综合运维评估，提高设备运维效率。一是设备智能巡检。以电机设备上云数据为基础，加强无人机、机器人

等智能设备的使用，优化巡检路线和方式，避免错检、漏检等错误。二是设备远程运维。汇聚电机设备状态数据的云平台，基于电机设备维护方案，向具有执行功能的终端传达指令，实现设备远程运维，减少工作风险。三是设备运维评估。基于电机设备上云，建立电机设备全生命周期监测体系，对设备运维过程和效果进行综合评估，进一步优化设备维护方案。

例如，上海电机系统节能工程技术研究中心有限公司，利用电机运行工业机理和行业协会核心资源，开发了电机系统远程运维服务云平台，累计与全国 150 余家大中型电机企业形成合作，行业覆盖率超过 25%，服务终端用户超过 3000 家，基于电机运行数据上云，可将采集的电机运行数据和机理模型等相结合，在状态评估、故障诊断、预测运维等环节助力电机企业实现售后费用下降的经济目标及产品优化的研发目标。某大型电机企业在与该平台合作之后，当年即节约成本 200 余万元，售后服务效率提高了 30%以上，平均售后服务成本下降 20%以上。

山东产研智能电机研究院开发的电机智能润滑系统，通过对电机电气参数、转速、振动、温度等运行数据采集上云，结合电机运维和维保管理系统对电机使用、维修、保养全链条业务环节进行管理，解决了电机轴承的智能润滑问题，消除了 80%以上的电机机械故障。同时，山东产研智能电机研究院开发的电机工业互联网平台，通过对电机上云，结合边端和云端平台的机器学习、AI 算法、故障建模、大数据分析，实现了电机实时运行监测、故障限值报警、故障诊断与预测分析、远程专家辅助诊断、维修维保质量检测等的全生命周期管理。目前平台已累计服务于山东、吉林、内蒙古、云南、四川、广东等 16 个省、市 106 家不同行业的电机用户。辅以手机 App 并结合电机智能维保管理系统，在山东某大型冶金国企的应用，实现了点巡检效率提高 80%，降低用户备机备件等存货成本 30%的同时，预测性维保有效性提高 35%，平均售后服务成本下降 60%以上。

四、电机无人托管

推动大中型电机设备上云，可加速设备运行数据的云端汇聚，基于各类机理模型和算法模型，实现设备在无人干预的情况下高效、安全运

转，有效提升设备利用效率。一是信息自感知。高效采集电机设备的功率、工况、振动等各类信息，在云端将相关数据建立联系，动态、全面监控设备运行状态。二是业务自决策。基于对设备运行状态的精准掌控，充分利用大数据、人工智能等技术加速人工操作经验的软件化进程，指导设备在不同情况下的自主决策。三是控制自执行。在云端进行正确决策的基础上，将决策信息转换成设备可理解、可执行的代码指令，驱动设备自我调节，在无人干预的情况下实现安全、高效运转。

目前，基于上云的电机设备无人托管应用，仍处于市场预热阶段，尚未实现大规模的商业化推广。上海电科电机科技有限公司等企业正积极完善电机无人托管的解决方案，充分消除用户的顾虑，提高用户的接受程度，充分提高用户的电机利用效率。

五、电机能效优化

推动大中型电机设备上云，可准确监测设备运行功率，结合生产情况对设备能耗数据进行分析，实现能耗资源动态优化。一是设备能耗实时监测。将全部电机设备耗电、耗水、耗气等状态数据实时更新上传至云端，"一站式"、全角度精准监测企业内电机设备的能耗数据。二是设备能耗精准分析。以电机设备实时、全面、精准的能耗数据为基础，深入分析设备能耗存在的问题环节，确定能耗优化方案，实现能耗精细管理。三是设备能耗动态优化。结合生产计划和实际生产运转情况，动态优化能耗供给，减少设备空转等引起的能耗损失，提高能源利用效率，降低能耗成本。

例如，上海电科电机科技有限公司，利用行业机理和电机设备运行能效评估技术优势，开发了上电科电机工业互联网云平台，累计服务工业企业 1000 余家，覆盖包含石化、冶金、水利、制造等重点行业，基于企业能源数据上云，可将采集的运行和产量数据与能效评估、能效优化等机理模型相结合，在能源管理、绩效对标、工艺优化等环节助力企业实现提质降本增效的管理和经济目标。某大彩印集团在实施云平台之后，压缩空气单电耗降至 $0.12 kW \cdot h/m^3$，节电率达 20% 以上，单空压站每年降低了成本 60 余万元。

山东产研智能电机研究院针对砖瓦行业特点和应用需求，以电机运

行监测为基础,开发了砖瓦企业智能工厂管理系统,实现全产线上关键设备的电机运行监测以及其他设备系统接口数据接入和环保监测系统数据接入,并以数字孪生可视化管理。通过电机能效分析、单设备负载和工艺参数分析,产线设备能耗和工艺匹配分析,利用数据建模、AI算法及大数据分析,优化生产线中工艺参数及生产节拍,提高产生效率,降低电能消耗。在邹平某砖瓦企业的应用实现了产出率提高了 20%,单块标砖用电成本减少了 0.005 元,平均每天节约 3 万元。

第三节　推广前景

电机及其系统广泛应用于我国能源、冶金、石化、化工、煤炭、建材、公用设施、家用电器以及电力拖动等多个行业和领域,是我国工业的基础。据估算,我国电机能效每提高一个百分点,每年可节约用电 260 多亿千瓦时,相当于 2020 年三峡电站发电量的 23%,节能降耗空间巨大。电机巨大的保有量和规模庞大的产业市场,充分表明了电机及系统在国民经济和社会发展中有着不可替代的重要地位和作用。电机设备效率低、风险大、能耗高等问题日益突出,亟须深入开展上云工程,提升电机设备自监测、自诊断、自优化水平。

第二十六章
大型空压机上云

第一节 痛点问题

一、运行监控及时性弱

大型空压机一般用于机械加工、化工生产、管道输送等领域，具有设备价值高、应用范围广、工作环境杂等特性。现有企业对设备通常采取事后维护或定期维护方式，无法动态监测设备关键运行数据并及时反馈，设备运维管理大多依赖经验管理，数据采集及时性相对较弱，对人员技能要求、物料及时性准确性要求较高，容易出现设备停机、设备欠修或过修等问题。

二、设备能耗管理粗放

目前国内部分企业的能耗监测仍停留在人工抽样检测的阶段，而产气端、输气端、用气端都会影响到空压机的整体能效，有时难免出现以偏概全的状况。在空压机组能源效率的强制性国家标准实施后，单机节能的空间已经缩小，亟须基于平台对空压机系统进行统筹考虑，优化整体运行参数，及时根据实际运行情况动态调整，加快空压机整站能效提升。

三、运营服务效率不高

空压机承担着提供动力、通风通气、机器启动等重要功能，一旦发

生事故将对企业生产经营产生较大影响。同时，空压机设备数据对企业生产、管理、经营等具有重要的指标性意义。数据泄露隐患严重影响企业管理者设备上云信心，更关系到行业信息安全和企业生产安全等重要领域，亟须有可靠的数据传输安全机制保障数据的安全、可靠传输。

四、产业协同有待提升

空压机产业链涉及设备制造、设备代理/服务、设备使用等多类企业，目前各方存在数据共享不足、信息交流缺失等问题，业务协同水平普遍不高。例如，设备制造企业不知道空压机在哪种工况下运行，设备代理/服务企业不知道客户使用过程中有什么问题，设备使用企业不知如何提升空压机效率。各方缺乏一体化协同服务管理体系，无法形成空压机"制造—使用—运维—设计"闭环服务，难以形成多方共赢局面。

第二节 典型应用场景

一、运维管控

推动大型空压机上云有利于采集设备的实时运行数据，结合设备故障诊断模型，自动预警设备故障并确定最优设备维护方案，实现设备智能管理。一是设备状态监测。企业通过空压机设备上云实时采集主机温度、油温、储气罐压力、出口压力、水管温度等工作状态数据，增强设备状态监测的可靠程度，有效解决空压机监测难问题。二是运行状态分析。通过对不同空压机和同一空压机不同时期的历史数据进行系统全面的分析，供用户及时查看运营数据，帮助企业优化方案，增加企业效益。三是设备预测维护。综合利用采集的设备数据，通过大数据分析，结合管线漏气等设备故障诊断模型，将空压机实时运行数据与标准参数对比分析开展预测性维护，减少生产停滞和安全问题。

例如，河南通过新奥数能泛能网平台推送的空压机运行管理策略，改变了以往各站房人工线下抄表、人工录入的传统工作模式，降低了易损件更换频率，延长了设备使用寿命，使空压机启停次数减少了75%，系统能效提高到80%以上。紫光集团建立了空压机智能运维平台，通过

物联网技术实现数据在线采集分析，有效缓解空压机管理和运营效率低下等问题。惠州亿纬锂能股份有限公司使用云智控节能管理系统，实现装备故障智能预警，减少停产损失近530万元。

二、设备节能优化

空压机行业的能耗问题极为突出，往往耗费大量的企业财力，不利于企业盈利水平与能力的提升。上云有利于管理者提高能源消耗水平认知，实现精细化设备能耗管控优化。一是分配式优化。在实时采集能效数据的基础上建立设备用气、产气模型，通过设备整体效率和综合能耗分析，合理分配设备运行负载。二是互补式优化。利用整站效能提升的数据分析模型，为空压机动态互补调配提供支持，减少整体资源浪费。三是升级式优化。通过对空压机的横向数据对比与纵向历史分析，为空压机制造单位和使用单位进行产品升级换代提供数据支撑，提升企业核心竞争力。

例如，广东蒙泰依托树根互联的空压机机组云平台，在同一工况下实现单位能耗降低10%，每年节约至少77万元能耗成本。江苏极熵物联科技有限公司推动空压机上云超过1万台，为社会减少碳排放10万吨标准煤/年。东方国信为工业生产企业提供产气效率监测服务并推动节能措施实施，仅在内蒙古广银铝业就为企业节约电费约30万元。特备电工蘑菇物联合作部署云智控系统，根据母管压力变化建立智能控制模型并控制设备启停，企业节能收益达到10%。

三、后服务市场运维

空压机上云有利于设备制造商、设备代理/服务商、设备使用企业等主体建立后服务市场维护管理体系，提炼工单管理服务，形成自动化服务模式，加速企业新市场开拓。一是打造智能工单。通过对设备的实时监控实现自诊断、自决策、自适应，自动推送空压机故障、推送维修工单，并在平台上实现服务派工、维修报告、服务验收、工单存档等。二是主动式销售。空压机选型过大容易造成资源浪费，选型太小则容易造成用气不够、压力不足等问题。通过上云有利于汇聚压力、排气量、

空气质量、场地等参数，为过滤器、储气罐等选型提供数据支撑，增加空压机制造企业潜在收入。

例如，无锡市大众压缩机有限公司因为使用蘑菇物联的蘑菇圈 ICRM 系统，提高了售后运维的协同效率，减少终端用户流失率 8%，并通过压缩空气分析套件的使用，增加了空压机销售量，合计增收 180 万元/年。

四、产业链协同

通过上云可以为大数据、人工智能等技术应用提供数据支持，加强空压机产业链相关主体的数据协同，助力空压机产业链向"产品+服务"转型。一是反馈式研发。基于平台助力帮助设备制造企业可以实时监测设备数据，依托海量的数据尤其是空压机运维数据，缩短新品研发迭代周期。二是风向标指数。根据工况数据比较不同厂商空压机性能，探索商业模式创新，基于上云数据计算形成行业创新指标体系，为检测行业发展情况提供实时数据支撑。三是整链式服务。通过上云打通产业链各环节流程数据，降低环节间沟通成本，助力企业实现空压站低成本运营的发展目标。

例如，东方国信通过数据分析打造"空压机指数"，梳理分析区域工业发展、工业企业活跃度等情况，为政府、行业、企业经济发展决策提供有效的数据支撑。南网能源公司推出高效空压站投资、设计、施工、智慧运维一体化的一条龙式服务，使美芝工厂综合运营节能效益达到 30%以上。

第三节 推广前景

作为通用工业设备，空压机的使用场景复杂多样，在中国约 85%的工厂都配备有空压站，广泛覆盖医药、食品、电子、塑胶、纺织、电力、建材等各行业。空压机在行业内又被称为"电老虎"，在我国空压机的耗电量约占全国工业耗电量的 9%～15%，能耗改造潜力巨大。如果推动一半的设备进行上云推广，并按照预计能耗整体降低 5%的标准，全年将节约成本超过 170 亿元，减少碳排放超过 2400 万吨。

第二十七章

风电设备上云

第一节　痛点问题

一、风电数据质量不一

数据是风电产业设计运营的重要基础。在风场设计阶段，传统数据采集方式周期长、成本高、精度低，难以满足精细化风场设计需求，容易造成投资方损失。在实际运营过程中，能源消费端到生产端反向延伸的数据传输尚不成熟，电站计算生产、传输、损失电量的方式存在由人工统计、环境变化和设备自身问题等原因带来的误差，数据质量参差不齐。受限于单机存储和运算能力等因素，部分高价值运行数据也难以得到较好应用。

二、设备运维成本高昂

风场所在地一般远离市区，环境条件比较艰苦，不适宜维护人员长期驻扎，维护成本相对较高。特别对于海上风电来说，后期运营维护费用占到总成本的一半以上。此外，目前国内风电运维仍然以传统运维方式为主，由于风电行业前期跳跃式发展、参与方良莠不齐、缺乏统一标准等原因，导致风电机组在实际运维中容易发生运行不稳、故障频发等问题，提高了相关成本。

三、风场综合管理困难

一方面，由于系统规划不足、风预测精度低、电网不配套等原因，

风电产业自身限电弃风压力较大，风场管理平均水平不高，亟须运用新一代信息技术提升风场综合管理水平。另一方面，随着国家能源局做出新能源电价调整的战略决策，风电和火电价格将逐步趋于一致，压缩风电利润空间，倒逼风电企业优化现有管理方式，加快数字化转型，提高风场生产效能。

第二节　典型应用场景

一、虚拟风场设计

在测风设备采集数据的基础上，基于云平台能够有效在云端汇总并利用前期历史数据，通过建立相关算法模型降低风场建设设计过程中的不确定性，利用线上操作提高设计精度，缩短设计周期。一是线上模拟仿真。基于超算等平台的计算能力与长期积累的历史资源，开展宏微观地理选址与场区的智能辅助设计，减少人工成本。二是风场全生命周期设计。聚焦风场特有的风况特征、地形条件等，基于云平台提供高精准度与高精细度的风资源解决方案，合理利用不同密度的风力资源，实现风场全生命周期降本增效。

例如，金风科技打造风资源评估云平台"风匠"，围绕风资源评估、每度电成本测算、风电场经济评价等环节提供智能化服务，将风数据处理的时间从小时级缩短到分钟级，为风电场精益化投资提供有力支撑。

二、设备预测维护

推动风力发电机组等核心设备上云，有利于实现覆盖风电设备全生命周期的故障预测和主动维修，有效降低平准化维护成本。一是智能化诊断。通过支持风机箱变、消防、CMS、场控、运行等系统数据的一体化采集，不断迭代工单知识库和故障模型，辅助实现快速定位。二是预测性维护。基于设备上云建立"预警—推送—检修—反馈—优化"的处理闭环，实现预防性精益运维。三是辅助式维修。基于备件仓储数据库、设备维护知识库与解决方案检索库为维修人员安排运维任务调度、推送指导方案，提升维护人员的故障消除能力。

例如，中国海装结合风功率预测以及潮汐、浪高等气象信息，采用美团派单式人工智能算法进行大型海上风场运维任务优化排程，优化运维路线、节约运维费用、降低维护期间的风功率损失，使运维综合成本降低约 20%。

三、风场管理优化

推动变电器、输电线等风场设备上云，有利于企业依托工业互联网平台建立场级运行管理模型，有利于精确预测发电区间，优化电网功率负荷，探索分布式能源管理，提升风场管理水平。一是能效优化。依托 Scada 生产数据、机组震动数据、升压站数据、场站气象数据等数据采集，形成实时及历史等多维度分析报表，助力提升运维水平。二是集成管理。通过设备上云建立运营服务中心，开发数据质量监控、程序版本管理、应用及资源监控等精益化运维辅助管理工具，提高风场管理水平，辅助功率调度、功率预测、集控等应用需求，支撑风电规模化发展。三是协调供电。通过上云提升发电量测算精准度，统筹构建跨区域储能、发电和运电方案，支撑智能电网建设，提升风电并网消纳能力。

例如，金风科技运用大数据技术提升风场管理综合效益，已接入国内外机组 2.8 万台，涉及监控容量 40GW，平均使发电量提升 2%～5%，故障平均间隔时间提升 20%～30%。大唐集团基于新能源生产运营大数据平台提高场站管控水平，每年降低新能源场站设备运维费用 30%。

第三节　推广前景

经过近 30 多年的发展，风电作为一种绿色能源，已成为世界各国推动绿色低碳转型的重要方向。截至 2020 年年底，我国风电累计装机容量已达 2.81 亿千瓦，规模居世界首位。风电发电量 4665 亿千瓦时，同比增长约 15%。预计未来风电机组寿命将突破目前的 20 年时限，在更长的运行生命周期内实现发电效率优化、持续降低度电成本。按照现有设备上云效率估计，如果全国一半的风电设备实现全流程上云，每年有望降低发电成本超过 130 亿元。

第二十八章

光伏设备上云

第一节 痛点问题

一、设备运营效率低

光伏电站占地广且分散，传统方式难以定位到故障设备，目前光伏设备的运维更多依赖个人能力和个人经验，有的设备甚至处于故障状态多日后才被人工巡视时发现。质量和效率难以保证，故障诊断有很大的不确定性，难以预知的重大事故，严重影响发电量和电站收益，带来巨大的潜在经济损失和安全隐患。

二、能源利用率不稳定

由于光照资源的不稳定性和不可控，光伏发电具有季节性、区域性和间歇性的特点，其电力生产带有明显的波动性和随机性特征，在洪灾、旱灾、冰雹等极端天气下，还存在颗粒无收的风险。同时，与火电、水电、核电乃至风电相比，光伏发电的单位规模产出相对偏弱，低能量密度的特点决定了其规模效益需要密集的资本和土地空间作为支撑，会受到来自土地、环境、空间、消纳等方面的深层次约束。

三、运行监控困难

目前光伏设备管理平台对海量、异构、高并发数据的接入能力差，经常造成丢包、不同步等数据质量问题，数据价值难洞察。由于缺乏大

数据管理体系，仅能进行基础数据监视，导致光伏电站运营指标水平、质量状况、设备稳定度数据不能及时获取，无法全量实时监测、智能分析电站健康情况，且光伏设备分布较为分散，无法实现专人维护，安全隐患较为严重。

第二节 典型应用场景

一、全景式监控

基于平台监控光伏电站设备运行情况，打造线上线下无缝高效运维模式。一是状态监测，监视光伏设备运行信息，动态显示系统的电压、电流、功率、潮流方向等电气量信息，运行状态及相应的保护动作信息。二是故障诊断，根据监测的实时数据对设备进行远程的故障诊断，能快速智能地定位问题发生的原因和位置以及解决方案，并且提醒运维人员。三是预测性维护，基于设备状态实时监测数据、设备历史数据、设备维护维修记录等数据，形成专家分析库，通过设备的机理模型，对设备的监测数据进行健康状态评估。

例如，国网电商公司基于大数据、区块链、云计算等新一代信息技术，打造全国光伏扶贫信息监测中心，实现 8.2 万座村级光伏扶贫电站实时数据采集接入工作，22 万座光伏扶贫电站电网关口侧数据全贯通，形成数据融合、业务联动、运监一体的光伏扶贫长效管理模式，有效解决了光伏扶贫监测管控难、运维成本高、运维成效低等实际问题。在应用全国光伏扶贫监测中心之后，电站平均发电能力提高 8.24%，设备故障发生率降低至 2%以下。

二、智能化分析

通过电站设备数据的采集与建模，实现对电站发电的精准化分析，提升光伏电站发电效率。一是功率预测，根据设备各种历史数据以及气象数据和负荷信息，进行出力预测和负荷预测，编制设备投切计划、储能系统的充放电计划和各种设备的检修计划，实现微电网实时功率分配和运行优化。二是能效优化，实时掌握系统运行情况，系统运行是否正

常、运行状态是否安全稳定、能源调度分配是否合理等，并能在需要时及时采取调度措施，使系统尽可能运行在最佳状态。三是工况优化，根据用电负荷和光伏发电的强度来调整储能的充放电和充电功率的输出，实现整个系统效率达到最大化。

例如，上海申能所辖风电场、光伏电站搭建人脸识别终端设备上云，实施了巡检管理、重点区域管理、值班考勤等各类生产业务的功能落地。由原来纸质记录、人工管理，到云存储、云共享，提升作业效率 3~5 倍，管理效率提升 2~3 倍。

三、智能运维

依托图像识别、机器学习、大数据、云计算等前沿技术，实现全流程数字化管理。一是业务流程管控，设备故障、负荷过载、运行异常等系统故障告警数据进行统一管理，告警信息包括告警时间、信息来源、告警类型、告警级别等数据。二是能力交易，平台能够促进需求响应与虚拟光伏电厂的市场化运营，同时可以为电力系统提供调峰、调频、备用等辅助服务。三是全生命周期管理，收集设备全生命周期信息，再结合设备的机理模型进行更加科学的可靠性管理及维修策略，使其可靠性及维修经济更加优化，从而使设备全生命周期管理形成优化改善的管理闭环。

例如，金风慧能在云南大唐智慧电站项目中，采用无人机巡检光伏组件，巡检信息上云，识别正确率超过 95%，漏报率小于 1%，降低安全风险，提升现场作业效率 10~15 倍。

第三节　推广前景

从光伏行业来看，截至 2020 年，我国光伏市场累计装机量为 253 吉瓦，2020 年新增装机量为 48.2 吉瓦，同比增长 60%。2020 年我国光伏发电量为 2605 千瓦时，同比增长 16.2%，占总发电量比重 3.5%。全国光伏发电，弃光电量同比减少 18 亿千瓦时，弃光率同比下降 2.8 个百分点，实现了弃光电量和弃光率双降的局面。光伏行业的良好发展使得光伏设备的需求量大量增长。到"十四五"末，即 2025 年，乐观估

计我国光伏年新增装机量达 80 吉瓦，悲观估计达 65 吉瓦。

全球光伏装机容量持续增长，光伏大变革已经成为全球能源发展的总趋势，全球政府和民众对大力发展光伏的动员越来越明显。在光伏发电走向平价时代时，光伏行业发展的驱动力也在发生转变，正在加速转变为市场驱动型。同时行业竞争的局面越来越复杂，关注光伏发电投资的企业和社会资本增加，数字化、AI 智能化成为光伏企业转型的驱动力，也是光伏行业发展的必然趋势。

第二十九章

工程机械上云

第一节 痛点问题

一、设备故障情况多发

工程机械设备主要承担高强度、高负荷作业，作业施工环境恶劣，设备高频率的转移、日常保养不足以及不必要的拆卸和安装使得设备磨损严重，故障发生率较高。传统以预防为主的定期维修无法有效处理潜在或突发的异常故障，还会造成较高的零部件维修和养护成本，给用户企业带来额外的经济负担。

二、施工效率低

工程机械行业为离散型制造业，产品多为单件、小批量生产，制造过程复杂，重复作业率低，难以采用自动化流水线或专用自动化工装设备生产，造成工程机械行业生产装备数字化水平低下，需要人工深入参与施工等作业。工程机械设备日常工作环境恶劣且多变，对于操作人员技术水平、专业素养、精神状态等要求较高，要对操作人员进行专业培训。

三、设备管理体系粗放

如何在施工过程中进行科学的设备管理，是施工企业不可忽视的工作，也是影响施工质量和效率的重要因素。我国工程机械设备管理普遍

存在管理思路落后、操作人员意识不强、体制机制欠缺、设备维护保养不到位等问题，亟须采用信息技术对设备进行系统科学管理，减少管理时间和成本，提高企业竞争力。

四、金融体系不完善

我国工程机械行业的技术、产能、效率近几年获得了飞速的发展，但由于工程机械设备价值高、用户需求提升、设备易故障等原因，下游中小企业用户往往存在买不起、租不起、用不起的问题。传统银行抵押或担保贷款的方式体系不完善，导致设备意外损坏难索赔、银行贷款坏账、设备投保价值不匹配等问题，严重制约了行业发展。

第二节　典型应用场景

一、设备远程运维

推动工程机械设备上云，可实时监测设备的实时状态数据，经过大数据比对分析、模型计算可以及时洞察设备故障，通过仿真模拟优化设备维护方案，实现设备远程运维。一是设备状态监测。实时采集工程机械设备位置、工况、油耗、温度、电压、电流等数据，提高设备状态洞察力，增强设备状态监测的可靠程度。二是设备故障预测预警。构建设备健康评估、故障预测、自动报警等模型，通过输入参数、工况等数据，对设备故障进行预测，提供技术支撑和设备异常报警服务，延长设备使用寿命，降低故障率。三是设备智能化维修。通过远程指导、模拟择优、参数优化等方式确定设备故障类型和最优维修方案，以更高效率、更低成本、更好的体验感实现故障设备的维修，提高服务能力。

例如，日立基于 Lumada 工业互联网平台推出 Consiteoil 解决方案，通过传感器将远程的故障预警率提高到 58%。

徐工集团基于汉云工业互联网平台，为每台设备做数字画像，将可能损坏的零部件进行提前更换，使设备故障率降低一半。

二、智慧施工

推动工程机械设备上云,将机器和工人连接,对机械设备实时监控,了解施工现场,通过云平台分析优化施工方案,辅助操作施工,实现智慧施工。一是现场施工数据采集。通过传感器、无人机、三维扫描仪等方式对施工对象、施工场景、外在环境等因素进行高精度感知,掌握现场施工状态。二是施工方案模拟仿真。建立虚实映射的数字孪生体,设立不同的施工条件,进行工况模拟迭代,不断优化施工方案。三是现场施工、现场指挥调度。建立反馈响应系统,根据设备动态变化,实时修正、调整施工方案并指挥现场施工。

三、在线管控

推动工程机械设备上云,实现工程机械设备的深刻洞察、设备故障精准预测、事故风险有效评估,支撑施工单位在线科学系统管理施工设备。一是强化管理。推动工程机械设备上云,在线采集设备运行数据,基于云端信息共享,对每台设备进行数据比对、统计分析,进行经验总结、技术升级,加强事故预防措施。二是系统化管理。科学系统进行设备统一管理,使设备的维护管理工作有组织、有计划地进行,提高设备综合效能和适应生产的能力。三是精细化管理。建立设备管理数据库,基于大数据分析,探索施工机械设备使用的一般规律,按照科学合理的方法对设备进行使用、维修、保养和管理,延长机械设备使用寿命,提高使用效率。

例如,卡特彼勒基于 Uptake 开发的设备联网和分析系统,采集设备的各类数据信息,联网监控,分析预测设备可能发生的故障,实现了 300 多万台运转设备的统一管控。

四、融资租赁

推动工程机械设备上云,实现工程机械设备的深刻洞察、设备故障精准预测、事故风险有效评估,支撑工程机械设备制造企业、使用企业与金融机构之间开展融资租赁。一是智能化信用评级。推动工程机械设备上云,在线采集设备运行、施工队作业情况、承包商贷款情况和经营

情况等数据，建立完善客户经营、信用等大数据分析模型，降低企业信用评级成本。二是数字化渠道对接。基于云端信息共享，快速对接有购置生产设备等需求的企业承租人及有理财需求的自然人、金融机构和非金融机构，解决金融服务中信息不对称的问题，在更大范围内实现资金供需的对接匹配。三是网络化资金流监控。基于工程机械设备上云，开拓线上融资渠道，同时对线上资金的流通和使用进行合理性监控，保障资金的高效利用。

例如，中联重科基于平台成立融资租赁公司，推动机械设备上云进行统一管理，实现了设备的扩大销售，获得的营业额占集团总收入的20%以上。三一集团基于工业互联网平台对机械设备进行精细管理，通过融资租赁或者经营性租赁运营的设备超过50%，2020年在外货款管理额超300亿元。

第三节　推广前景

根据中国工程机械工业协会统计资料显示，2020年我国挖掘机、汽车起重机、履带起重机、机动工业车辆、升降作业平台等工程机械主要产品销售量分别增长39%、26.1%、43.4%、31.5%、35.1%，创历史新高。这一方面是由于市场需求经历疫情之后的反弹，另一方面也是因为我国工程机械头部厂商推动设备上云效果显著，促进工程机械产品智能化。随着工程机械设备销售量、保有量不断增加，售后维修、设备租赁、智慧施工等业务需求潜力巨大，逐渐形成规模庞大的后市场生态链。推动工程机械设备上云，可实时采集设备运行数据，结合大数据、人工智能等新兴技术，提高设备故障诊断和预测性维护水平，大幅度降低维修成本，提高设备利用率，市场推广前景广阔。

第三十章 数控机床上云

第一节 痛点问题

一、设备运维成本较高

数控机床是一种装有数字控制系统并能够根据加工程序进行自动加工的数字化设备，是典型的机电一体化产品，代表了现代机床的发展方向。

近些年来，数控机床在机械制造行业应用越来越普及，对企业生产效率、产品质量影响具有举足轻重的意义。但对大部分制造企业而言，在数控机床使用与管理方面还存在不足。比如不能通过实时检测数控机床的温度、电压、压力、振动等各种运行数据实现数控机床自感知、自分析和自决策等智能化运维，主要采取事后维修或定期维护。这种传统运维模式，一方面，对机床使用方设备易发生故障影响设备最大效能的发挥，影响企业生产效率和产品质量，甚至还会造成人员伤亡；另一方面，数控机床制造商需要组建专门的售后工程师团队随时奔赴现场，容易产生很高的人力成本。

二、设备利用效率较低

在很多制造企业数控机床使用过程中，没有充分发挥出数控机床的优势，由于企业数字化、信息化水平较低，比如生产过程数控机床的运行效率等重要参数需要人工收集和汇报，造成了数控机床的有效利用率

不高。根据一些统计，相对于国外先进企业，我国大部分企业的机床利用率仅相当于国外平均水平的一半左右，平均无故障时间也仅达到国外应用水平的一半左右。

三、生产管理即时性差

由于数字化管理水平低，传统工厂中产量统计等工作主要依靠员工上报，人人过问浪费时间；数据传递流程复杂，手手相传影响效率；日周月报无法有效归档，查阅不便。同时，车间生产进度等情况不能及时上报车间主任、厂长等管理者，影响管理者即时决策。

四、设备改造升级困难

数控机床是集机械制造、计算机、液压、传感、信息处理、光机电等技术于一体的机电一体化产品，复杂程度高。数控机床生产加工的工艺迭代需要大量设备运行数据作为支撑，而数据的采集和利用一直是该行业的难点和痛点。

第二节 典型应用场景

一、健康管理

一是设备全生命周期健康管理。实时采集数控机床的设备状态和运行数据，对设备全生命周期进行健康管理。二是设备健康状态可视化呈现。通过在数控机床上安装温度传感器、电压传感器、压力传感器、速度传感器、位移传感器、振动传感器等，可实时采集数控机床基本信息参数、机床主轴运行状态参数、机床滚珠丝杠等关键零部件的运行状态及相关参数，以及设备故障等信息，并进行可视化处理，增强设备状态检测的实时性与可靠度。

例如，树根互联为重庆宏钢提供了根云平台接入、物联呈现、系统及硬件接入等服务，助力重庆宏钢实现 OEE 管理，提升数控机床设备数据采集、设备诊断、运行状态可视化等能力，提升管理者的生产管理效率。目前宏钢数控设备健康度提升 20% 以上，设备管理效率提升 30%，生产管理即时性有效提升，企业产能大幅提高。

二、产能共享

生产能力共享是典型的供给侧改革，在数控机床领域的应用实现了三大突破：一是核心技术突破。推动机床核心技术突破，实现数控机床与新一代信息技术融合发展。二是商业模式创新。建立全产品生命周期生态管理系统，把产业金融引入销售体系之中，缓解用户采购设备的资金紧张问题，推动核心技术迅速转化为市场订单；三是创造新需求市场。全面推动供给侧改革，改变过剩的供给能力，适应消费升级的新市场，实现产能共享。

例如，iSESOL 平台将上万台 i5 机床都接入云端，采用租赁方式，按使用时间、价值或按工件数量计费，大大降低了企业的一次性成本，提高了机床的使用效率。

三、刀具管理

针对数控机床运行过程中传统的计件换刀不能解决加工过程中崩刀、断刀的问题，不能充分利用刀具有效寿命，易造成加工部件的损毁等痛点问题。在数控机床行业，有些单位提出了基于工业人工智能的刀具寿命智能预测的方案，通过采集机台振动/电流传感器和控制器等多类异构数据，在云端基于深度学习训练刀具剩余寿命预测模型，并部署到边缘侧，实施监测分析刀具状态数据，智能预测断刀、崩裂和寿命的异常情况。

例如，富士康基于深度学习建立的刀具寿命智能预测模型，实现了从计件换刀到精准换刀的转变，实现刀具寿命预计延长 15%，预计减少刀具成本 15%，提升产品良率 30%，节省材料成本约 10%，提高生产效率 15%。

四、备件管理

一是备品备件管理。推动数控机床设备上云，实现设备信息实时更新，汇聚产业链上下游物料信息和产能信息，结合下游实际需求和企业生产能力，合理优化资源配置，制订科学的生产计划，优化备品备件管

理，实现零库存。二是柔性化生产。通过数控机床设备上云，企业可方便地收集不同时段产量数据、开机率数据、加工产品数量、合格品数量等生产数据，依据产业链供给需求，动态优化生产配置，制订备品备件计划，实现柔性化生产。

例如，美林数据建设的台州市机床行业工业互联网平台，通过低成本、标准化机床数据采集终端，促进机床设备大规模上云，通过机床状态数据以及机床制造过程数据的融合，帮助企业分析机床二次销售、备品备件供给商机，建立平台服务链路，提升服务水平。目前平台种子用户十家机床企业已经上线，平台提供的销售机会已经达到企业销售线索的20%。

五、智能运维

结合设备故障诊断模型，自动预警设备故障并确定最优设备维护方案，远程指导数控机床使用方排除设备故障，实现数控机床智能运维。一是设备故障诊断。综合利用采集的数控机床设备数据，结合已有的设备故障诊断模型，对设备故障进行分析和预警，确定故障发生的部位、原因、时间和检修人员，确定报警原因、报警时间、发生故障引发报警的部位，避免设备故障引发的生产停滞和安全问题。二是设备远程运维。采集机床的报警履历、运行状态和关键工艺参数，实时上传到用户服务云平台。在云平台上采用大数据技术和人工智能技术对采集到的参数进行训练、计算和存储，实现数控机床的远程集中监控、机床效率分析、实时故障告警、基于知识库的故障诊断和故障预测，实现远程分析和维护，快速服务客户。

第三节 推广前景

近年来，我国数控机床行业发展迅速，行业规模不断扩大，在国际市场中的地位也逐渐提升。2020年我国数控机床市场规模突破4000亿元，达4050亿元，同比增长8.7%。推动数控机床设备上云，可实时收集设备运行数据，分析生产运营数据，预测故障发生时间，实现设备远程运维，优化生产工艺，改进升级设备，助力我国数控机床达到世界顶级水平。

展望篇

第三十一章

我国工业互联网平台发展趋势

近年来,我国工业互联网发展成效显著,部分重点任务和工程成果超出预期,网络基础、平台中枢、数据要素、安全保障作用进一步显现,为工业互联网进入垂直深耕、快速增长的新阶段奠定了良好基础。

第一节 形势基本判断

一、从产业发展整体看,"15+m+n"工业互联网平台体系加速构建

2020年,工业互联网平台发展迅速,逐渐从概念走向落地,多层次、系统化的平台体系基本形成,为承接产业转移、加快企业转型、有序复工复产等提供了有效支撑。综合型"双跨"平台获得各方高度认可,海尔、东方国信、用友等十五大"双跨"平台设备连接数、工业App数、服务工业企业数不断增长,有效赋能实体经济转型升级。特色型行业和区域平台快速发展,中联重科、中国电子、中海创等一批龙头企业基于自身行业知识禀赋加速平台布局,形成具有一定影响力的特色平台近100家。专业型平台不断涌现,和利时、云道智造、兰光创新等企业围绕工业协议解析、工业大数据分析、工业仿真等领域,打造了一批专注特定领域的工业互联网平台,成为技术单点突破的重要抓手。展望2021年,工业互联网平台将在"新基建"浪潮背景下,实现平台模式创新、工业设备上云、数字化管理、试验等能力的持续提升,平台功能更加完备,多层次平台体系更加完善。

二、从"平台+技术"看，5G、人工智能、区块链等新技术融合应用的广度和深度不断深化

2020 年，围绕"平台 + 新技术"的融合创新发展取得快速的发展，各企业积极探索在不同工业场景中深化 5G、人工智能、区块链等新技术和工业互联平台的融合应用，涌现出一批典型应用场景。一是商飞、华为、阿里等企业积极开展"工业互联网+5G"应用实践，逐步建立起涵盖网络、设备、模式、算法、安全、标准等环节的新型工业互联网体系。二是人工智能与工业互联网平台融合加速，形成了智能检测、工艺优化、辅助决策等创新应用，推动建模优化与迭代升级，增强工业互联网平台解决实际问题的能力。三是区块链助力平台构建可信数据资源存储、管理和服务体系，推动平台数据的归属确权、安全传输和可靠交易。展望 2021 年，工业互联网平台将加快形成一批面向设计仿真、生产控制、质量监测、物流配送、供应链协同等工业场景的融合创新应用，进一步为新技术在工业领域落地提供关键支撑，推动融合发展迈向新高度。

三、从"平台+行业"看，面向细分垂直领域的特色行业工业互联网平台将持续涌现

2020 年，工业互联网平台加速在垂直行业落地深耕，已广泛渗透应用到钢铁、石化、工程机械、电子信息等 30 多个行业，平台行业赋能水平不断提升。企业聚焦行业痛点问题，将技术突破、模式创新与产业实际需求相结合，形成了一批面向特定场景、具有推广价值的行业系统解决方案。在旧动能改造方面，在原材料、高端装备、消费品和电子信息等行业，基于平台的质量管控、设计优化等智能解决方案持续涌现，以"提质、降本、增效"为目标有效引领行业高质量发展。在新动能培育方面，融合创新成为行业转型主旋律，平台催生出制造协同、能力共享、工业金融、零工经济等一批新模式新业态，加速拓展市场新空间。展望 2021 年，工业互联网平台将在细分垂直领域进一步普及推广，全面赋能传统产业，加速形成一批"平台 + 行业"优质解决方案，提高行业整体资源配置效率，加速培育网络化协同、个性化定制、按需制造、共享制造等新模式、新业态，实现行业企业的创新发展。

四、从"平台+区域"看，面向"块状经济"发展的区域级平台将成为带动集聚产业整体提升的有效途径

2020 年，国家层面和地方层面产业政策支持力度不断加大，加速推动工业互联网平台为块状经济服务。支持江苏、上海、浙江、安徽建设长三角工业互联网一体化发展示范区，面向北京、青岛、南京、苏州等重点地区布局"7+12"平台应用创新推广中心。各地依托平台打破区域行政划分和市场壁垒，优化地区产业空间布局、科技协同创新、基础设施和公共服务一体化发展，加速区域内科技、人才、资本、土地等要素资源集聚和共享，工业互联网平台成为加速带动区域产业提质增效的有力支撑。展望 2021 年，将形成一批面向"块状经济"发展的区域级工业互联网平台，进一步整合地方工业互联网平台创新资源与行业需求，为地方经济发展与产业转型升级注入新的动力。

五、从"平台+双链"看，工业互联网平台将成为加速补链、优链、强链的有效途径

2020 年，工业互联网平台聚焦防疫复工难点痛点，加强协同配合，持续在疫情防控、物资配送、复工复产等领域释放赋能作用，有力保障产业链、供应链稳定运行。一方面，海尔、腾讯等企业通过平台扩大物资汇聚、供需对接、动态调配等产品及服务供给，有效缓解复工防疫物资及原材料短缺，助力企业生产协同、柔性转产和产能共享，产业链加速协同复工复产、快速实现达产增产。另一方面，智能云科、阿里等平台解决方案提供商帮助制造企业在疫情期间大力推行网络化协同、服务化延伸、智能化生产等新模式，推广在线协同设计、远程设备维护、生产远程调度、车间无人管控等应用，实现"停工不停产""减人不减产"，保障了供应链的稳定运行。展望 2021 年，工业互联网平台将作为支撑人、机、物等全社会制造资源泛在连接、柔性配置和聚合共享的重要基础设施，为"补链""优链""强链"等提供有力保障，助力构建安全、敏捷、经济的现代供应链。

六、从"平台+生态"看，跨地域跨产业多方协同的工业互联网平台发展格局加速形成

2020年，工业互联网平台融通发展生态不断壮大，各类平台建设主体依托自身发展优势，加速从产业链整合向跨行业、跨界融合互补方向转型，构建以平台为核心的制造业协同创新发展生态。一是跨产业协作不断增强，基于平台的数字化管理、智能化生产、网络化协同、个性化定制等新模式持续涌现，共享经济、平台经济、供应链金融等新业态加速形成。二是跨地区合作不断深化，多领域工业互联网产业发展集聚区初步形成。长三角、成渝等产业集聚区陆续签署工业互联网一体化发展示范区战略合作协议，协同推动产融产教对接、应用推广。三是跨领域服务不断优化。围绕技术服务、监测分析、数据管理、质量管理、标准管理等领域培育33家公共服务平台，多层次、专业化的工业互联网公共服务体系正加速在全国范围内落地，全方位保障工业互联网平台健康发展。展望2021年，工业互联网平台产业集聚效应将更加显著，进一步促进产业、科技、金融对接，吸引更多社会资本涌入融合创新技术、典型应用场景、行业解决方案等投资领域，加速平台关键核心技术突破和落地，加速完善平台产业生态体系。

第二节 面临的挑战

一、核心技术积累不足，平台发展遭遇"卡脖子"

从供给看，我国工业互联网平台发展的基础支撑产业薄弱，50%左右的工业PaaS平台采用国外开源架构，90%以上的CAD、CAE、PLM高端工业软件市场被欧美企业垄断。从需求看，制造企业倾向于将有限的资金倾斜到设备自动化改造上，软件应用投入不足，"重硬轻软"现象依然严重，缺乏以需求牵引供给的发展环境，影响了工业互联网平台核心技术的持续迭代和功能演进。

二、解决方案有待成熟，企业普遍不敢"吃螃蟹"

第一，企业"不敢用"。部分制造企业担心应用工业互联网平台时

会导致业务出错或进度受阻，管理者害怕由于平台不够安全可靠而承担责任。第二，企业"不愿用"。即使在某些领域国内已存在较好的工业互联网平台解决方案，部分企业仍倾向于使用国外工业软件或系统，严重阻碍了解决方案的应用推广。第三，企业"不会用"。制造企业信息化基础参差不齐，很多企业难以实现对解决方案的"即插即用"，阻碍了平台应用的持续深化。

三、人才供需结构失衡，传统企业频被"挖墙脚"

一方面，"育人难"。工业互联网平台的建设是一项复杂的系统工程，开发者需要具备模型算法沉淀、工业 PaaS 搭建、平台二次开发等于一体的综合能力，相关人才培养时间长、难度大。另一方面，"留人难"。互联网公司往往用数倍于工业企业的年薪挖人，有工业知识经验的开发人员频频转入互联网行业，加剧了复合型人才的结构性短缺，难以为平台建设及应用推广提供有效支撑。

四、生态体系尚不完善，亟须政府"一盘棋"引导

第一，资源整合能力不足。国内缺少类似西门子、GE 等能提供整体解决方案的产业巨头，平台企业存在"各自为战"的现象，资源共享和整合能力不够。第二，优质平台供给不足。我国制造企业的行业机理、工艺流程、模型方法等工业知识积累较薄弱，存在低层次平台重复扎堆的现象。第三，金融服务能力不足。平台建设投入大、回报周期长，资本市场目前对平台的支持力度有待进一步提高，大量平台企业初期无法获得足够恒定的资本投入。

第三节　发展建议

一、夯实顶层设计，完善平台发展标准体系建设

持续完善融合发展政策体系，推动研制新一代信息技术与制造业融合发展相关的配套文件，将工业互联网平台作为融合发展突破口和着力点，破除妨碍平台发展的体制、机制问题。依托全国两化融合管理标委

会等标准化组织，持续完善工业互联网平台标准体系，开展关键标准研制及应用推广，引导各地政府、龙头企业和平台服务商协同推进平台建设与应用。积极对接国际组织，推动标准领域国际交流，不断提升国际产业影响力。

二、坚持问题导向，推动平台规模化推广和迭代创新

面向装备制造、原材料、消费品、绿色制造、安全生产等重点行业领域，持续深化跨行业跨领域综合平台和特点鲜明的区域型、特色型、专业型平台建设。加快推动企业设备上云和业务系统向云端迁移，培育数字化管理、个性化定制、网络化协同、服务化延伸、智能化生产等新模式。加快推进工业互联网示范区建设，促进平台在垂直行业和重点区域的规模化应用和迭代创新，打造一批辐射带动能力强劲的工业互联网发展高地。

三、强化前瞻布局，加快"平台+新技术"融合创新发展

加快制定工业互联网平台技术产业图谱，围绕平台发展关键短板环节推动工程化攻关，着力突破边缘计算、工业机理模型、低代码开发等关键技术，超前布局数字孪生、云化仿真设计与运营管理软件等，提升安全可靠发展能力。聚焦"平台+5G""平台+区块链""平台+AR/VR"等技术融合趋势开展试点示范遴选，加快培育一批平台创新解决方案和一批高价值工业App，提升平台产品及服务供给能力。

四、提升服务能力，完善工业互联网平台公共服务体系

持续推进工业互联网平台应用创新中心建设，整合地方创新资源与行业需求，搭建面向平台解决方案供需对接、成果推广的公共服务平台，加强创新中心之间的协同联动，打造多方联动、协同创新的工业互联网平台服务体系。研制完善价值评价体系，分别面向综合型、特色型和技术型工业互联网平台，制定分类评价指标，遴选各类工业互联网平台，加强跟踪评价和动态调整。

五、完善生态体系，加速打通金融链、人才链、产业链

支持打造工业互联网人才实训基地，通过"新工科"建设等方式，开展多层次人才培训、宣贯推广和应用实践，培育工业互联网领域复合型人才。充分利用创业板、科创板等政策机制推动工业互联网平台产融结合创新发展，鼓励社会资本参与工业互联网平台建设，提升金融服务能力，进一步强化产业链、金融链、人才链的联通对接和相互赋能。充分发挥联盟组织的桥梁纽带作用，通过深度行、现场会等活动，系统推进成果应用推广，营造良好的产业发展氛围。

赛迪智库
面向政府　服务决策

思想，还是思想
　　才使我们与众不同

《赛迪专报》	《安全产业研究》	《产业政策研究》
《赛迪前瞻》	《工业经济研究》	《军民结合研究》
《赛迪智库·案例》	《财经研究》	《工业和信息化研究》
《赛迪智库·数据》	《信息化与软件产业研究》	《科技与标准研究》
《赛迪智库·软科学》	《电子信息研究》	《无线电管理研究》
《赛迪译丛》	《网络安全研究》	《节能与环保研究》
《工业新词话》	《材料工业研究》	《世界工业研究》
《政策法规研究》	《消费品工业"三品"战略专刊》	《中小企业研究》
		《集成电路研究》

通信地址：北京市海淀区万寿路27号院8号楼12层
邮政编码：100846
联系人：王　乐
联系电话：010-68200552　13701083941
传　　真：010-68209616
网　　址：www.ccidwise.com
电子邮件：wangle@ccidgroup.com

赛迪智库
面向政府 服务决策

研究，还是研究
才使我们见微知著

规划研究所	知识产权研究所	安全产业研究所
工业经济研究所	世界工业研究所	网络安全研究所
电子信息研究所	无线电管理研究所	中小企业研究所
集成电路研究所	信息化与软件产业研究所	节能与环保研究所
产业政策研究所	军民融合研究所	材料工业研究所
科技与标准研究所	政策法规研究所	消费品工业研究所

通信地址：北京市海淀区万寿路27号院8号楼12层
邮政编码：100846
联 系 人：王 乐
联系电话：010-68200552 13701083941
传　　真：010-68209616
网　　址：www.ccidwise.com
电子邮件：wangle@ccidgroup.com